Coppenrath
FÜHRER

HERMANN HOMANN

OSTFRIESLAND

INSELN, WATT UND KÜSTENLAND

überarbeitete Auflage von 1985 mit 14 Farbbildern

F. COPPENRATH VERLAG · MÜNSTER

ISBN 3-920192-18-4

Entwurf des Umschlages und Einbandes von Theo Sudbrack.
Die Kartenskizzen im Text und die Karte von Ostfriesland am Schluß des Buches zeichnete Heinz Blankenau.

Gesamtherstellung: Druckhaus Cramer, 4402 Greven

Inhaltsverzeichnis und Bildernachweis am Schluß des Buches
Bild auf Seite 2: Fischkutter bei Ebbe im Watt
Umschlagbilder: Seite 57

Ostfriesland – Halbinsel zwischen Ems und Jade

Das Land, das zwischen der breiten Emsmündung und dem Jadebusen liegt, seit Jahrhunderten Ostfriesland genannt, bildet eine große Halbinsel, wuchtig gelagert, mächtig in die See vorgeschoben und – wie ein Blick auf die Karte zeigt – merkwürdig dicht mit Dörfern und Landstädten besiedelt. Dies Land scheint eine einzige einförmige Ebene zu sein, doch es gliedert sich in drei gleich große, aber grundverschiedene Landschaften. Ein Drittel Ostfrieslands nimmt die M a r s c h ein, das eigentliche Küstenland, während die südlich davon gelegenen zwei Drittel von der „Geest“ und von riesigen Mooren bedeckt sind.
Die G e e s t ist in der Eiszeit entstanden, als die Gletscher tauten und den Moränenschutt, ein Geschiebe aus Sand, Ton und Lehm, zurückließen. Das neugeschaffene Land erhob sich nur wenige Meter über den Meeresspiegel, aber hoch genug für die Niederlassung steinzeitlicher Ackerbauern, wovon als wichtigstes Fundstück ein H a k e n p f l u g zeugt, der bei W a l l e von Torfstechern gefunden wurde. Dieser älteste Pflug der Welt (1500 v. Chr.) wird heute im Landesmuseum Hannover aufbewahrt.

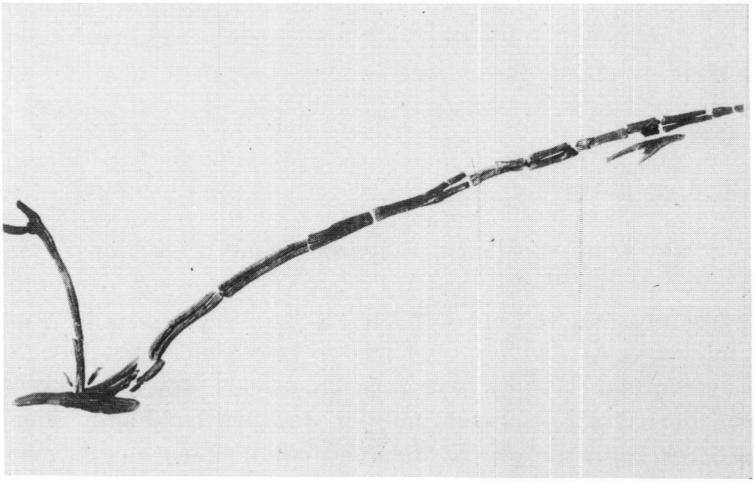

Nach der großen Eisschmelze bildeten sich in den Niederungen und Senken viele Seen und Teiche, die aber so seicht waren, daß sie im Laufe der Jahrtausende verlandeten, ein erdgeschichtlicher Vorgang, der heute noch an einigen ostfriesischen Seen, wie dem Großen Meer und dem Ewigen Meer, beobachtet werden kann. So bildeten sich viele große und kleine Moore, die in der ganzen Geest verstreut liegen und etwa ein Drittel Ostfrieslands ausmachen.
Während Geest und Moor nebeneinander liegen und oft ineinander übergehen, bildet die Marsch ein geschlossenes Gebiet, den Küstenstreifen. Es ist das Land, das der Mensch in einem tausendjährigen Kampf dem Meere abgerungen und durch mächtige Deiche vor den landfressenden Gewalten geschützt hat.
Der Wanderer, der von der Deichkrone aus dies gewordene und noch werdende Land überschaut, sieht wohl nichts als eine weite Ebene, oft vom blauen Himmel mit weißen Wolkenschiffen überwölbt. Aber auch dies endlos scheinende, im Dunst der Ferne verschwimmende Küstenland zeigt sich in dreierlei Gestalt. Südlich vom Deich dehnt sich die grüne Marsch, nach Norden hin liegt das bleigraue Watt, und weit draußen am Horizont begrenzt die lange Reihe der Inseln, deren weiße Dünen an Sonnentagen aufleuchten, das überschaubare und doch in der Weite aufgehende Bild dieser urtümlichen Landschaft. Das ist die ostfriesische Küste, die uns in ihrer Dreiteilung – Marsch, Watt und Inseln – wohl zu fesseln vermag, wenn wir ihre offenen und verborgenen Reize nur zu finden und zu sehen wissen.

Die Inselkette

Wie eine Kette von Perlen liegen die „Sieben Ostfriesen“ am Nordrande des Watts, acht bis zehn Kilometer von der Festlandsküste entfernt, so daß bei klarem Wetter sowohl vom Festlandsdeich aus die vorgelagerten Inseln mit ihren Dünen, Häusern und Türmen, wie auch umgekehrt, von den Inseln aus, der ferne Küstensaum mit der schmalen Deichlinie, überragt von Baumgruppen, Kirchen und Windmühlen, zu erkennen sind. Sieben Inseln — Borkum, Juist, Norderney, Baltrum, Langeoog, Spiekeroog und Wangerooge — sind es aber eigentlich schon seit Jahrzehnten nicht mehr, denn um 1880 sind zwei neue Inseln entstanden, der Memmert südlich der Westspitze von Juist und die Insel Mellum auf der Mellumplate vor dem Jadebusen. Schließlich muß auch das Eiland Lütje Hörn bei Borkum sowie die Insel Oldeoog genannt werden, die vor der Ostspitze Wangerooges liegt; sie wurde durch wasserbauliche Maßnahmen, wie die Anlage von Buhnen und Steindämmen, also künstlich geschaffen. Diese Jüngsten unter den ostfriesischen Inseln sind aber zu Vogelschutzgebieten erklärt worden und deshalb nur von wenigen Menschen bewohnt.

Alle ostfriesischen Inseln haben gemeinsam, daß sie aus vier Landzonen bestehen. An ihrem Nordrand zieht sich die hohe Kette der Weißen Dünen entlang, die eine Höhe bis zu 20 Meter erreichen (auf Langeoog 21 Meter) und mit Strandhafer und Strandroggen bewachsen sind, deren meterlanges Wurzelwerk den Sand bindet. Dahinter liegt die Zone der Grauen Dünen, die stärker bewachsen sind und eine leichte Humusdecke tragen, so daß sich hier neben den typischen Dünenpflanzen, wie Stranddistel, Salzmiere und Meersenf, auch viele Festlandpflanzen, z. B. Nachtkerze, Mauerpfeffer, Sandjasione und Ackerklee, ansiedeln konnten. An die Grauen Dünen schließt sich als dritte Landzone die Dünenheide an, die meist einen recht breiten Streifen alter Dünen mit Heidekraut, Erika, Kriechweide und Sandsegge bedeckt, während in den Tümpeln der Dünentäler Wollgras, Rohrkolben und hier und da auch Bärlapp und Sonnentau zu finden sind. Der Südrand der Inseln wird von dem grünen Streifen der Wattwiesen gesäumt, die teils eingedeicht sind — im Emsland Polder, im Oldenburgischen Binnengroden genannt —, zum größeren Teil aber als Heller oder Außengroden am Wattrande liegen und von jeder höheren Flut überschwemmt werden, weshalb hier nur salzliebende Pflanzen, wie Queller, Strandflieder, Strandaster und Andelgras, gedeihen können.

Die ostfriesischen Inseln zeigen auch in ihrer Form eine große Ähnlichkeit. Ihr Westende liegt breit gerundet an den Seegatten, den Durchlässen für den Tidestrom zwischen den Inseln; bis zur Inselmitte nimmt die Breite schon merklich ab; am Ostende aber verjüngen die Inseln sich zu einer langen, meist vegetationslosen Sandplatte oder Landzunge. So könnte man annehmen, daß die Inseln alle das gleiche Gesicht zeigen, aber wer mehrere oder gar alle ostfriesischen Inseln besucht hat, der weiß, daß sie nur die Ähnlichkeit von Geschwistern aufweisen und bei näherem Kennenlernen viele dem oberflächlichen Blick verborgen bleibende Züge und Eigenheiten entfalten, die jeder Insel ihren Charakter geben. Wie verschieden die ostfriesischen Inseln allein in ihrer Größe sind, das mag nachstehende Übersicht zeigen.

	Länge	größte Breite	Fläche
Borkum	11 km	4,0 km	34,0 qkm
Memmert	3 km	3,0 km	7,5 qkm
Juist	15 km	1,0 km	13,1 qkm
Norderney	15 km	2,0 km	26,0 qkm
Baltrum	5 km	1,5 km	9,0 qkm
Langeoog	12 km	3,5 km	17,0 qkm
Spiekeroog	10 km	2,5 km	14,0 qkm
Wangerooge	9 km	1,5 km	8,0 qkm
Oldeoog	(noch im ersten Werden, 1 ha Grünland)		
Mellum	0,8 km	0,7 km	0,4 qkm

Das Meer schuf die Inseln

Das Kartenbild der ostfriesischen Küste mit der vorgelagerten Inselreihe verleitet leicht zu der Annahme, dies Land sei von der furchtbaren Gewalt des Meeres zerschlagen worden, das Watt sei untergegangenes Land und nur die durch hohe Dünen geschützten Inseln seien stehengeblieben, aber auch sie durch die gewaltigen Wassermassen zerrissen, die zweimal täglich ins Watt und wieder hinausströmen. Der Augenschein trügt aber, und nur soviel ist gewiß, daß die weite Wattenfläche wirklich einmal Land gewesen ist, daß aber dies Land

Das Landeswappen an der Gartenfront der Ostfriesischen Landschaft, von Graf Rudolf Christian (1625—1628) eingeführt. Die sechs Felder zeigen oben links die Harpyie, das Wappen der Cirksena, oben rechts den gekrönten Adler der tom Brok, im dritten Feld das Wappen derer von Manslagt, im vierten den Wappenlöwen der Ukena, links unten den Wappenbären der Attena und rechts die Geißeln aus dem Wappen des Häuptlings Hero Omken

Oben: Gruppe unter dem Kreuz. Teilabschnitt des spätgotischen Schnitzaltars (um 1500) in der Martinskirche zu Tettens

Unten: Spätgotischer vergoldeter Schnitzaltar in der Lambertikirche zu Aurich, eine Antwerpener Arbeit (um 1500) aus dem 1519 aufgehobenen Zisterzienserkloster Ihlow

nicht an der Inselkette endete, sondern viel weiter nördlich, in der Höhe der Doggerbank. Dort haben die Fischer mit ihren Schleppnetzen Backenzähne vom Mammut, Reste vom wollhaarigen Nashorn, von Wisent, Ur, Riesenhirsch, Wolf, Höhlenbär, Höhlenhyäne, Urpferd, Walroß und andere Beweise dafür gefunden, daß hier die nacheiszeitliche Tierwelt gelebt hat. (Nach Wildvang)

Vor etwa 5000 Jahren begann dann die Transgression, wie die Wissenschaft die „Überschreitung“ des Festlandes durch das Meer nennt, die allmähliche Überflutung bis an die heutige ostfriesische Geest.

Ob diese Überflutung durch das Ansteigen des Meeresspiegels infolge der großen Eisschmelze oder durch Senkung der Erdoberfläche entstanden ist oder gar beide Ursachen in Zusammenwirkung hat, ist nicht sicher erwiesen. Das Land ist den Menschen im Laufe von Jahrtausenden langsam unter den Füßen weggesunken und allmählich überflutet worden, so daß sie immer weiter ins Binnenland zurückweichen mußten, bis sie den heutigen Geestrand erreichten, der nicht mehr ständig vom steigenden Wasser bedroht war. Der Beweis für die Transgression ist bereits vor fast zweihundert Jahren von dem Borkumer Pastor Nicolai gefunden worden. Er entdeckte nach einem Sturm auf einer hohen Bank weit vor der Insel eine große Fläche besten Kleibodens, die vom Sand freigespült worden war. Zu seiner noch größeren Überraschung zeigten sich auf dem Ackerboden nicht weniger als neun Brunnen, also ohne Zweifel Reste eines untergegangenen Dorfes, das bei Hochwasser 3 Meter unter dem Meeresspiegel lag. Ähnliche Funde wurden auch am anderen Ende der Inselkette gemacht. Westlich von Wangerooge fand man noch vor etwa hundert Jahren zur Ebbezeit Spuren des alten Dorfes mit Mauerresten, Brunnen, Ackerfurchen, ja sogar mit Fährten von vielen Tierhufen. (Nach Dr. Sello)

Ein dritter Beweis ist womöglich noch schlüssiger: Wenn die Inseln Reste eines zerschlagenen Festlandes wären, dann müßten sie auch aus Festlandsboden bestehen, also aus einem Geestkern mit aufgelagertem Dünensand. Aber es zeigte sich schon bei der Anlage von Brunnen und bei anderen Ausschachtungen, daß immer nur Sand zutage gefördert wurde. Schließlich hat man durch Bohrungen festgestellt, daß der Geestboden, also der alte Festlandskern, auf den Inseln in 15 bis 20 Meter Tiefe liegt. Und auch bei Baggerungen im Meer vor den Inseln hat man gefunden, daß das ehemalige Festland tief unter angeschwemmten Sandmassen begraben wurde.

Es steht mithin fest, daß die Inseln keine Landreste darstellen, aber dort, wo sie heute liegen, brach das untergegangene Land zum tieferen Wasser hin ab. Auf diese Abbruchkante schwemmte das Meer nun seine Sandmassen, so daß sich Sandbänke und Riffe bildeten, die allmählich so hoch anstiegen, daß sie bei Ebbe trocken fielen. Dann dörrte der Wind den an der Oberfläche liegenden Sand aus und trieb ihn höher hinauf. Schließlich wuchs die Sandbank so hoch an, daß sie auch bei Hochwasser nicht mehr überflutet wurde, und bald siedelten sich nun die ersten Pflanzen an, zuerst die Dünenquecke, dann auch in höheren Lagen Strandhafer und Strandroggen. Sie festigten den Sand mit ihrem tiefgehenden Wurzelwerk und banden ihn durch ihre Blätterbüschel. So schwemmte also das Meer immer neue Sandmassen heran, der Wind fegte sie zu immer höheren Dünen zusammen, und eine steigende Anzahl von Pflanzenarten siedelte sich an und machte die Dünen zu einer dauerhaften Formation. Auf diese Weise sind aus winzigen Eilanden im Laufe von zwei oder drei Jahrtausenden unsere Inseln geworden.

Das mag unglaublich erscheinen, aber nicht anders sind in jüngster Zeit die Inseln Lütje Hörn, Memmert, Oldeoog und Mellum entstanden, wenn auch ihr Werdeprozeß durch mancherlei menschliche Hilfe, wie Anpflanzung von Dünengräsern, Anlage von Buschzäunen, Bau von Buhnen und Dämmen und andere Maßnahmen, gefördert worden ist.

Gleichzeitig mit der Anlandung von Sandmassen am Nordrand der Inseln lagerte sich an ihrem Südrand der aus dem Watt kommende Schlick, meist mit Sand vermischt, in solcher Menge ab, daß sich an allen Inseln ein breiter Wattstrand bildete, eine fruchtbare Zone im Gegensatz zu dem vegetationsfeind-

Oben: Auf den niedrigen Primärdünen siedelt sich zuerst die Dünenquecke an.

Unten: Strandroggen (Breiter Helm) und Strandhafer (Schmaler Helm) festigen die hohe Weiße Düne.

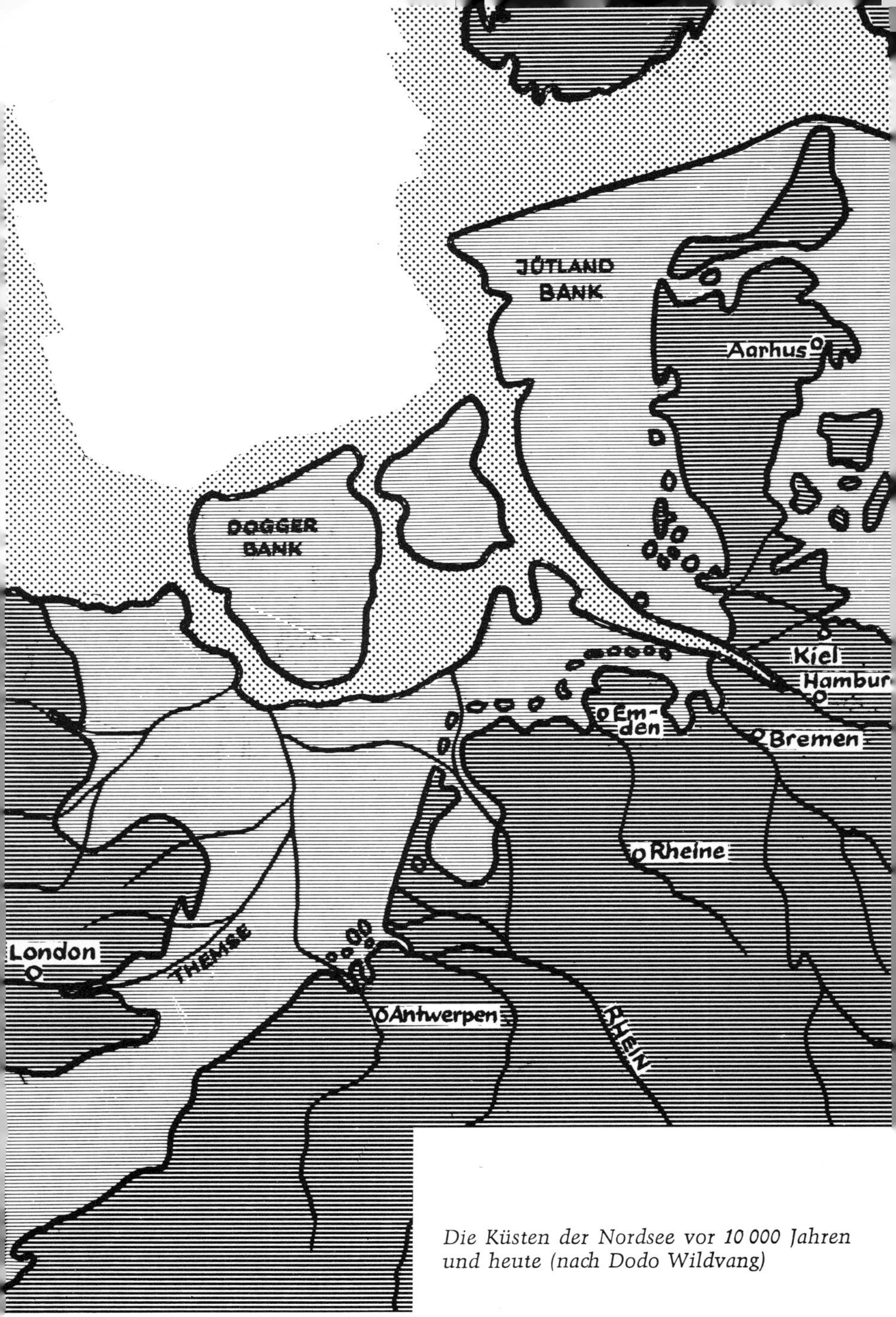

Die Küsten der Nordsee vor 10 000 Jahren und heute (nach Dodo Wildvang)

lichen Sandstrand im Norden. Oft hat das Meer bei gewaltigen Sturmfluten seine zerstörenden Gewalten toben lassen, aber die aufbauenden Kräfte siegten am Ende doch, wie die Kette unserer schönen ostfriesischen Inseln augenscheinlich beweist.

Die Inseln wandern

Alle ostfriesischen Inseln zeigen fast die gleiche Form: mit einer breitgerundeten Westküste stemmen sie sich gegen die Gattströme, und in einer langen, schmalen Landzunge laufen sie nach Osten hin aus. Diese „Stromlinienform" wurde von Wind und Wellen geschaffen. Abbruch am Westende, Aufbau am Ostende, das ist der Werdegang der Inseln bis in unsere Zeit. Aber auch hier zeigen die Inseln bei aller Gleichförmigkeit recht unterschiedliche Eigenarten.
Auf B o r k u m brandet die Flut im Westen und Nordwesten bis dicht an die Strandmauer. Hier fließt ein Seitenarm der Emsmündung, das Strandgatt, dicht am Westende vorüber, was zur Folge hat, daß der Sand weggeschwemmt wird und der Strand jäh abbricht. Die Gewalt der Strömung mußte durch dreißig Buhnen, die sich wie wehrhafte Riesenstacheln weit ins Meer erstrecken, gebrochen werden, sollte das Westufer nicht noch mehr in Gefahr kommen.
In ähnlicher Weise ist auch das Westende von N o r d e r n e y bedroht. Dort läuft ein Ausläufer des Gattstroms dicht am Inselkopf vorüber und bildet hier eine 30 Meter tiefe Rinne, deren starke Strömung ständig an den Dünen nagte, bis man vor etwa hundert Jahren damit begann, nach und nach zwei Dutzend Buhnen zu bauen und den Strand mit einem festen Deckwerk zu panzern. Dann erst konnte man es wagen, oben auf den Dünen Straßen und Häuser zu bauen.
B a l t r u m, die kleinste der ostfriesischen Inseln, hat nicht weniger unter der Gewalt des Gattstroms zu leiden. Das Gatt, die W i c h t e r E h e, spült dicht am Westende tiefe Rinnen und Kolke aus, und ein ständiger Abbruch der Dünen war die Folge, bis vor etwa hundert Jahren eine Palisadenwand errichtet wurde. Sie reichte aber nicht aus und wurde ständig be-

schädigt, weshalb ein neues Schutzwerk gebaut werden mußte, das aus drei Teilen besteht: im Nordwesten zeigt es das „Juister Profil", eine steil aufwärtsgeschwungene Mauer; der westliche Teil wurde mit dem „Norderneyer Profil" gebaut, einer sanft ansteigenden S-förmigen Böschung; im Südteil ist das Schutzwerk durch den Rest der alten Palisadenwand verlängert. So zeigt sich hier ein Stück Geschichte des Seeschutzbaus.

Durch ein Deckwerk, durch Buhnen und Spundwände ist auch die Nordwestseite von Spiekeroog geschützt. Eine Sonderstellung, was Bedrohung und Schutz der Insel betrifft, nimmt Wangerooge ein. Die Harle, ein harmloser Küstenfluß, mündet durch das Harlesiel ins Watt, strömt dann weiter durch das Wattenmeer und das Harlegatt zwischen Spiekeroog und Wangerooge ins offene Meer. Ein Seitenarm des Harlegatts, als „Dove Harle" in die Seekarten eingezeichnet, floß nahe am Westende der Insel vorüber und hatte einen ständigen Abbruch des Strandes und der Dünen zur Folge. Das Westende mußte deshalb durch eine Strandmauer geschützt werden, die ständig verstärkt wurde und an der gefährdetsten Stelle auf 7 Meter Höhe stieg. Vorgelagerte Quaderblöcke und eine Reihe von Buhnen schützten sie jahrzehntelang vor dem Anprall der Sturmfluten. Eine der Buhnen wurde um 1940 etwa 1500 Meter weit in das Gatt vorgeschoben, wodurch die Dove Harle vom Strand abgeleitet werden konnte, und bald schon entstand im Westen und Südwesten Wangerooges ein weiter Sandstrand mit fortschreitender Dünenbildung.

Landbildung ist also selbst im Westen der Inseln möglich, wie man auch auf Langeoog und Juist feststellen kann. Juist erstreckt sich vom bewohnten Teil sehr weit nach Westen, und dem Dünengürtel ist schließlich noch das Billriff, eine breite Sandplatte, vorgelagert. Auch auf Langeoog dehnt sich im Westen vor den Flinthörndünen ein breiter Sandstrand. Recht auffällig aber ist, daß beide Inseln weder Buhnen noch Deckwerke zeigen, ohne die alle anderen Inseln bald dem Untergang verfallen wären. Allerdings ist auf Juist vor sechzig Jahren eine 1400 Meter lange Strandmauer zum Schutze des Dorfes ge-

Oben: Am Nordstrand der Inseln zieht sich der hohe, breite Schutzwall der Dünen entlang.

Unten: Die breiten Buhnen von Baltrum mußten nach rückwärts verlängert werden, als ein Dünenstreifen aufgegeben worden war.

Oben: Norderney ist gegen den ständig drohenden Abbruch am Westende durch Buhnen und Strandmauern geschützt, ähnlich wie Borkum, Baltrum, Spiekeroog und Wangerooge.

Unten: Der Gattstrom fließt im weiten Bogen um das Westende von Juist, deshalb lagerte sich hier eine ausgedehnte Sandplatte ab.

baut worden, inzwischen liegt sie aber längst unter hohen Dünen begraben. Damals riß ein Strandpriel mit starker Strömung die Dünenkette an und bedrohte das Dorf. Die Strandmauer sollte das Dorf retten, aber ehe sie fertig war, hatte der Priel sich wieder im Sandstrand verloren. So erwies sich der Schutzbau auf Juist glücklicherweise als überflüssig, auf Langeoog dagegen ist nie ein Schutzbau, weder Mauer noch Buhne, gebaut worden. Nur eine breitklaffende Dünenlücke zwischen dem Inselrumpf und den Flinthörndünen im Westen, ein gefährlicher Durchlaß bei Sturmfluten, wurde 1930 durch den Flinthörndamm geschlossen. Die Inseln Juist und Langeoog sind aber nun keineswegs stärker gefährdet als andere Inseln, denn ihr Schutz vor den Sturmfluten besteht in einem breiten Sandstrand und in dem hohen Dünenwall, der allerdings öfter angerissen wird.

Wie kommt es aber nun, daß der Gattstrom bei Borkum, Norderney, Baltrum, Spiekeroog und früher auch bei Wangerooge so hart am Westrand vorüberzieht, während er bei den anderen weiten Abstand hält? Ein Blick auf die Karte zeigt uns, daß beispielsweise das Watt zwischen Langeoog und dem Festland viel größer ist als das Baltrumer Watt. Die bei Ebbe aus dem Langeooger Watt kommenden größeren Wassermassen drängen also die geringeren aus dem Baltrumer Watt zurück, so daß der Hauptstrom in einem weiten Bogen um das Langeooger Westende fließt, wo sich eben deshalb Sandbänke und Sandplatten bilden konnten. Ähnlich so verhält es sich bei Juist, wo die Hauptmasse des Gattstroms in die Osterems fließt, also näher nach Borkum hin.

Zusammenfassend kann man sagen, daß die Inseln heute alle im Westen geschützt sind, die einen durch Buhnen und Deckwerke, die anderen durch Dünenwälle und vorgelagerte Sandplatten. Nach Osten hin aber wachsen die Inseln ständig weiter durch die Sandmassen, die vom Westwind dorthin geweht werden. Um sie zu festigen, werden Buschzäune gesteckt und Helmpflanzungen angelegt, ein Verfahren, das vor etwa zweihundert Jahren von holländischen Wanderarbeitern, „Dünenmeyer" genannt, bei uns eingeführt worden ist, wie auch später beim Bau von Buhnen und Deckwerken manches Verfahren von den tüchtigen Holländern übernommen wurde.

Am Ostende der Inseln wird der Sand in die Gatten getrieben, aber die Wanderung ist noch nicht zu Ende. Der Sand lagert sich unter Wasser in Riffen ab, die vom Weststrom, der vor den Inseln herzieht, weitergetragen werden. Gleichzeitig verlagert der Ebbstrom die Riffe nach draußen, und so kommt es, daß sie sich in einem weiten Bogen vor dem Gatt bewegen und schließlich etwa in der Mitte der nächsten Insel wieder an den Strand geschwemmt werden, wo der Wind den Sand dann weiterträgt. Man hat durch Beobachtungen festgestellt, daß diese Sandwanderung vom Ostende einer Insel im Bogen um das Gatt bis zum Mittelstrand der nächsten Insel sich in etwa sieben Jahren vollzieht. (Krüger)

Über die Wanderung der Inseln infolge des Abbruchs im Westen und der Ablagerung im Osten gibt es ziemlich genaue Angaben, die sich auf alte Karten und auf Funde stützen. Borkum wurde in zweieinhalb Jahrhunderten um 2,5 Kilometer nach Osten verschoben, Spiekeroog in dreihundert Jahren um seine halbe Länge und Wangerooge im gleichen Zeitraum um 2,65 Kilometer. Eine ähnliche Verlagerung zeigen auch die anderen Inseln, und selbst die jüngste unter ihnen, der Memmert, verlor durch die näherrückende Strömung der Osterems die westlichen Randdünen, die sich kaum erst gebildet hatten, während das Ostende sich in einer Sandplatte verlängerte.

Die starken Verlagerungen der Inseln, oft durch Sturmfluten gewaltsam beschleunigt, hatten zur Folge, daß die Inseldörfer nach Osten verlegt werden mußten. Die Geschichte der Inseln berichtet von manchem alten Dorf, das dem Abbruch am Westende zum Opfer fiel. Diese Gefahr ist heute gebannt. Wer die mächtigen Schutzwerke im Westen von Borkum, Norderney und Baltrum gesehen hat, der möchte wohl glauben, daß sie zwar beschädigt, aber nicht zerschlagen werden können, und daß die Häuser der Bewohner, wenn auch auf Sand gebaut, fest und sicher stehen.

Diese Luftaufnahme, bei Ebbe aufgenommen, zeigt deutlich, wie die Sandriffe vom Osten einer Insel (Langeoog) im Bogen vor dem Gatt her zur Mitte der nächsten Insel (Spiekeroog) wandern.

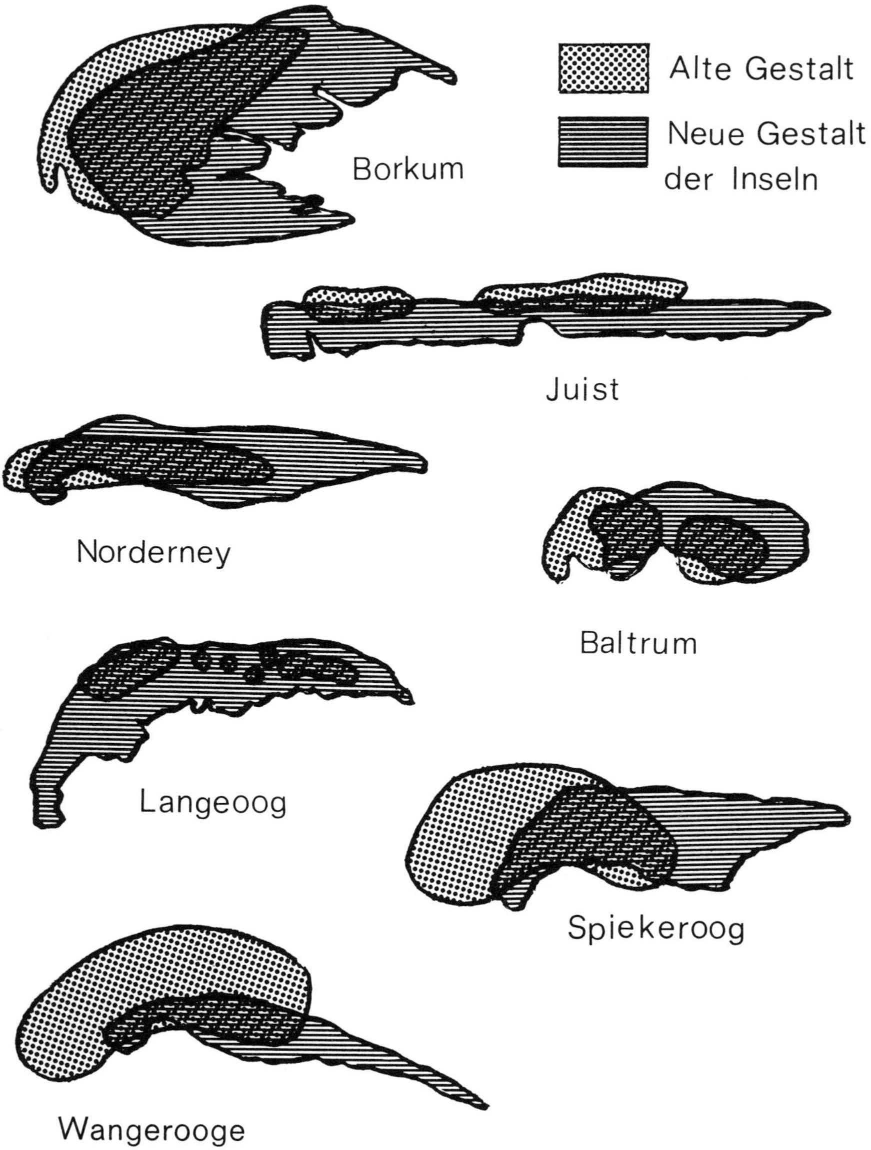

Die ostfriesischen Inseln sind noch im Laufe der letzten Jahrhunderte durch Abbruch und Anwachs stark verlagert worden.

Das Watt – weder Land noch Meer

Wer eine der ostfriesischen Inseln besucht, wird sicher bald schon eine hohe Düne oder den Leuchtturm besteigen, um das Eiland, auf dem er steht, zu überschauen, und er wird mit einem Blick rundum gewahren, daß das Meer, das ihn umgibt, von zweierlei Natur ist. Am Nordstrand braust es mit weißschäumenden Wellen über die Sandbänke und brandet den Strand hinauf, im Süden aber dehnt es sich als graue, kaum bewegte Wasserfläche bis an die Küste, die sich als schmale Linie am Horizont abzeichnet. Allerdings ist dies das Bild des Watts zur Flutzeit, wenn es vom Südrande der Inseln bis zum Nordrande des Küstenlandes mit Wasser gefüllt ist und das eigenartige Wattenmeer bildet.

Wenige Stunden später aber bietet die gleiche Fläche ein gänzlich anderes Bild. Weithin blänkert dann die weite wasserlose Ebene mit dem stumpfen Glanz flüssigen Bleis, nur hier und da liegt ein hellerer Glanz auf Tümpeln und Teichen und auf den breiten Strömen, die das Watt durchziehen. Der Ebbstrom hat die Wassermassen des Watts durch das Gatt in das offene Meer entführt, und nun ist die richtige Zeit, ein Stück hinauszugehen, um diese Urlandschaft kennenzulernen.

Wir durchschreiten den Heller oder Außengroden und sehen, daß der Pflanzenwuchs am Wattrande immer spärlicher wird und schließlich gänzlich aufhört. Vor uns liegt eine weite Fläche, aber schon nach wenigen Schritten erkennen wir, daß sie keineswegs so eben ist, wie sie aus der Ferne zu sein schien. Wir gehen über flachgewölbte gelbgraue Sandbänke, geraten in schiefergraue Schlickfelder, in die wir knöcheltief einsinken, und müssen immer wieder flache Rinnen durchqueren, die mit ihren Riffeln und Furchen noch die Wirkungen des abgelaufenen Wassers zeigen. Wie in einem ausgedehnten Flußsystem münden die bachähnlichen kleineren P r i e l e in größere, die die Breite und Tiefe von Flüssen haben, und zuletzt nimmt ein mächtiger Prielstrom sie alle auf. Bei Niedrigwasser, dem tiefsten Stand nach der Ebbe, sind alle Priele fast ganz leergelaufen, nur in den größten, den Baljen, strömt oder steht noch das Wasser. Es ist gefährlich, einen solchen Strom zu durchwaten und tiefer ins Watt zu gehen, denn sobald die Flut wieder einsetzt, füllt der Flutstrom die Baljen sehr schnell, so daß uns der Rückweg abgeschnitten werden kann.

Das Watt ist voll Leben

Auf allen Inseln und auch von den Küstenorten aus werden von kundigen Führern, denen wir uns anschließen sollten, Wattwanderungen unternommen. Die Wattführer können uns erstaunlich viel über das Watt erzählen, vor allem auch über das vielfältige Leben, das auf der grauen, nur scheinbar toten Fläche herrscht. Das verraten uns auch die unzähligen Seevögel, die überall als weiße Tupfen zu sehen sind oder schreiend über uns hinwegfliegen oder gar in großen Schwärmen das Watt bevölkern. Sie alle finden hier ihr Futter, die Möwen, Austernfischer, Rotschenkel, Strandläufer, Brachvögel, Regenpfeifer und andere, die sich an Würmern, Muscheln, Krabben, Seesternen und anderem Meeresgetier sättigen, das vom Ebbstrom zurückgelassen wurde. Ein fesselndes Bild bieten die gabelschwänzigen Seeschwalben, die rüttelnd über den Prielen stehen und plötzlich stoßtauchend ein Fischlein erjagen. Dem Kundigen verrät sich sogar, was verborgen im Sand und Schlick lebt. Unter den kotähnlichen Häufchen, die oft zu Tausenden auf den Bänken liegen, haust der Pierwurm in seiner Röhre. Auf den Schlickflächen spritzen bei unserem Nahen oft winzige Wasserstrahlen empor, die uns verraten, daß hier wenige Zentimeter unter der Oberfläche Herzmuscheln und Pfeffermuscheln liegen und ihre Atemröhren, Siphonen genannt, hervorstrecken, bei Gefahr aber schnell einziehen, wobei ihnen der kleine Strahl entfährt, der sie uns verrät. Auf Sandbänken ragen oft die fingerdicken Siphonen der Klaffmuschel aus dem Sand, die denn auch beim Einziehen einen recht kräftigen Strahl ausstoßen. In ihrer Nachbarschaft, aber weniger zahlreich, lebt die Messermuschel, die

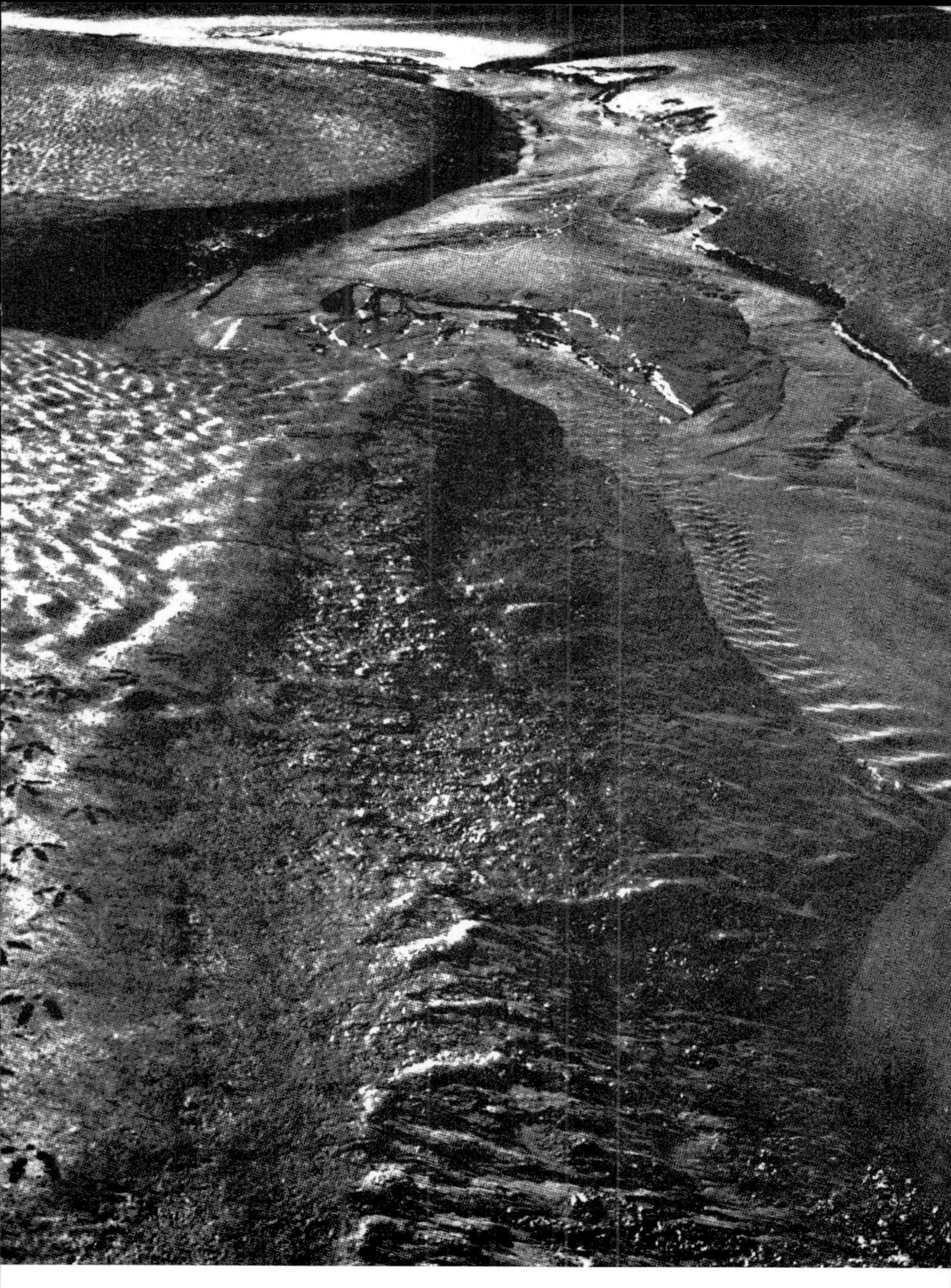

Bei Ebbe fällt das Watt weithin trocken, und Priele und Baljen zeigen den Weg, den der Ebbstrom genommen hat.

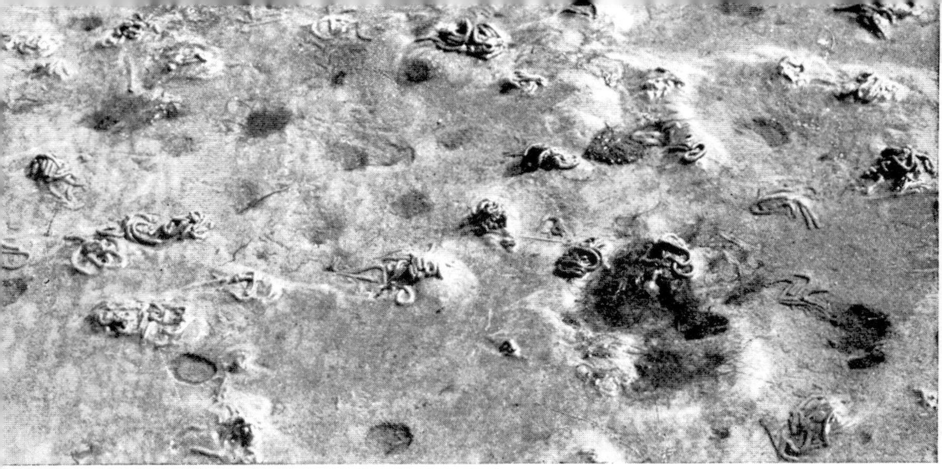

Oben: Der Pierwurm lebt in einer U-förmigen Röhre, die an einem Ende einen Trichter, am anderen ein kotähnliches Häufchen Schlicksand zeigt, der durch seinen Körper gegangen ist.

Unten: Im Sand und Schlick des Watts leben verschiedene Muscheln und Schnecken: (Klaffmuschel (1), Gestutzte Klaffmuschel (2), Miesmuschel (3), Pfeffermuschel (4), Herzmuschel (5).

Oben: Der Queller (auf der Landzunge) bindet den Schlick, und bald folgen dieser Pionierpflanze Andelgras, Strandnelke und Strandmelde.

Unten: Das aus England eingeführte und zuerst in der Leybucht angepflanzte Schlickgras. Es breitet sich heute am ganzen Wattstrand aus und dringt am weitesten auf den Schlickflächen vor.

Oben: Lahnungen und Schlickgräben dienen der Landgewinnung vor dem Deich.

Unten: Eine Buhne wird als Wellenbrecher in das Watt vorgeschoben.

etwa zur Hälfte senkrecht im Sande steckt. Die bekannte Miesmuschel aber liegt in Haufen auf der Oberfläche, und weithin sind die dunklen Muschelfelder zu erkennen. So finden wir im Watt viele lebende Meerestiere, deren Schalen wir oft einzeln oder in Haufen auch am Nordstrand entdecken.

Bei der Rückkehr aus dem Watt fällt uns geradezu in die Augen, wie dieses amphibische Reich aus Sand und Schlick und Wasser allmählich zu Land geworden ist und immer noch wird. Wir sehen, daß der grüne Heller uns zunächst nur in einer einzigen Pflanze begegnet, die einzeln oder in Trupps steht. Das ist der Queller, der so weit vordringt, daß er bei jeder Flut stundenlang unter Wasser steht. Er ist der erste Pionier unter den landbildenden Pflanzen, denn seine Wurzeln festigen den Boden, und seine kandelaberartigen Triebe sammeln den Schlick. In seiner Nachbarschaft, oft sogar weiter draußen, wächst das schilfartige Schlickgras, und sobald sich genügend Schlick angesammelt hat, bilden sich Bülte und größere Flächen, bewachsen mit Strandmelde, Strandaster, Strandnelke und vor allem mit Andelgras, lauter Pflanzen, die eine gelegentliche Überschwemmung mit Salzwasser vertragen und sogar eingehen, wenn sie darauf verzichten müssen. Das sehen wir auf dem höhergelegenen Heller, wo sich fast nur noch Wiesenpflanzen ausbreiten, die wir vom Festland her kennen.

Sobald der Heller oder Außengroden etwa 50 Zentimeter über dem mittleren Hochwasser liegt, ist er deichreif geworden. Die Küstenbewohner warten aber nicht den langwierigen natürlichen Werdeprozeß ab, sondern helfen mit Maßnahmen nach, die in Jahrhunderten erprobt worden sind. Sie bauen Lahnungen aus einer Doppelreihe von Pfählen mit eingeschobenem Buschwerk, die Wellenbrecher und Schlickfänger zugleich bilden. Weiter wird das Vorland von breiten Gräben durchzogen, die sich allmählich mit Schlick und Sand füllen und von Zeit zu Zeit ausgehoben werden, so daß das Land mit den Jahren immer höher und schließlich reif für die Eindeichung wird. Solche Anlagen zur Landgewinnung finden wir am Wattstrand aller Inseln und an der ganzen Festlandsküste entlang. Hier und da wird aber auch ein schnelleres Verfahren vorgezogen, indem man Sand und Schlick durch lange, dicke Rohre vom Watt auf das Land baggert. Mancher neue Polder ist auf solche Weise „aufgeschlickt“ worden.

Schiffe im Watt

Zur Ebbezeit schauen wir im Watt fast vergeblich nach Schiffen aus, suchen sie doch meist bei Hochwasser ihren Hafen zu erreichen. Hin und wieder werden wir aber einen Küstenewer finden, eins der dickbäuchigen, zweimastigen Küstenfahrzeuge, die seit altersher, wenn heute auch motorisiert, den Frachtverkehr zwischen den Küstenhäfen vermitteln. Sie können mit ihrem flachen Kiel ohne Gefahr auf dem Grunde liegen, bis bei auflaufendem Wasser die Reise weitergeht. Mehr und mehr wird der Frachtverkehr aber von größeren Frachtschiffen geleistet, wie wir sie von der Binnenschiffahrt her kennen. Manchmal hat auch ein Fischkutter den Heimathafen nicht mehr erreicht und verbringt die Zeit im Watt. Vielleicht ist der Kutter aber absichtlich aufgelegt worden, und zwar auf eine Miesmuschelbank, damit die kleine Besatzung in Ruhe den reichen Fang einschaufeln kann. Hier und da warten auch wohl Segelboote mit gerefften Segeln darauf, daß sie wieder Wasser unter den Kiel bekommen und weitersegeln können. Es fehlt ihnen eben zuzeiten an Fahrwasser, an Wind aber wohl nie.
Sobald die Flut kommt, füllen sich die breiten Priele zuerst, und in den Baljen steigt das Wasser sehr schnell. Manche Baljen sind selbst zur Ebbezeit so tief, daß die Schiffe darin fahren können, im allgemeinen setzt aber der rechte Schiffsverkehr erst ein, sobald die Flut genug Wasser herangeschafft hat. Besonders eilig haben es dann die Frachtschiffe, die zwischen dem Festland und den Inseln verkehren und möglichst mehrmals während einer Tide hin und her fahren wollen. Die kleineren von ihnen scheinen auch ziemlich unbekümmert geraden Kurs zu nehmen, wenn sie nur genug Wasser haben. Die größeren Schiffe, besonders die Fahrgastschiffe, müssen sich wegen ihres Tiefgangs von 1,50 Meter und mehr in den

Oben: Krabbenfischer mit gehievten Schleppnetzen.

Unten: Der Anlegerkopf von Wangerooge ist durch Dämme und Dalben zu einem Hafen ausgebaut worden.

Oben: Bei Ebbe kehren die Fischkutter von der Fangfahrt heim (Greetsiel).

Unten: Die Tonnen oder Bojen werden halbjährlich ausgewechselt und auf dem Tonnenhof von Norderney überholt.

Prielen und Baljen halten, um sicher von den Festlandshäfen nach den Inseln und zurück zu gelangen. Eben deshalb fahren sie einen merkwürdigen Kurs, der hin und her führt und mitunter sogar einen Bogen schlägt. Der Weg ist aber für den Schiffer leicht zu finden, da der Kurs genau durch Seezeichen verschiedener Art gekennzeichnet ist.

Die Hafeneinfahrt ist meist durch kleine Leuchttürme oder durch B a k e n (Balkengerüste) markiert, die weithin sichtbar sind. Im seichteren Wasser säumen dann P r i c k e n die Fahrrinne, das sind in den Sand gesteckte Birkenstämme oder Stangen mit Reisigbündeln an der Spitze, und weiter draußen kennzeichnen schwimmende Bojen oder Tonnen, die auf dem Grunde verankert sind, den Weg, grüne an Backbord und rote an Steuerbord. Gelegentlich werden auch Leuchtbojen, Heulbojen und Glockenbojen gelegt, z. B. an der Route Norddeich-Norderney. Der Seegang bringt die Heul- und Glockenbojen zum Tönen, indem die Luft, die durch das beim Wellenschlag eindringende Wasser verdrängt wird, eine Pfeife ertönen läßt oder aber durch das Schaukeln eine Glocke in Bewegung gesetzt wird.

Die Tonnen oder Bojen werden vom Salzwasser arg strapaziert und bekommen bald schon einen dichten Besatz von Algen, Seepocken und Muscheln, so daß sie alle halben Jahre ausgewechselt und überholt werden müssen. Das geschieht auf dem T o n n e n h o f am Hafen von N o r d e r n e y, wo Tonnen aller Art und Größe gestapelt liegen. Meist hat dort auch am Hafenkai ein Tonnenleger festgemacht, ein Spezialschiff, das mit Kränen und anderen Einrichtungen zum Verlegen der Tonnen ausgestattet ist.

Die Fahrstraßen von den Küstenhäfen nach den ostfriesischen Inseln sind recht unterschiedlich, ebenso verschieden wie die Baljen und Tiefs des Wattenmeers, die sie benutzen müssen. Die Route von Emden-Außenhafen nach B o r k u m führt durch die Emsmündung, die auch bei Niedrigwasser noch genügend Tiefe hat, weshalb die Schiffe unabhängig von Ebbe und Flut fahren können. Vom Hafen N o r d d e i c h aus werden drei Inseln angesteuert: J u i s t, N o r d e r n e y und B a l t r u m.

Die Schiffe benutzen nach der Ausfahrt von Norddeich eine lange Strecke die gleiche Fahrrinne, die auch bei Niedrigwasser noch tief genug ist, aber während dies Tief weiter bis zum Hafen von Norderney verläuft, so daß dorthin täglich zehn bis zwölf Schiffsverbindungen nach festem Fahrplan möglich sind, muß das Juister Schiff kurz vor Norderney nach Westen in die Juister Balje einlaufen, die nur bei Hochwasser zu befahren ist, also ein- bis zweimal täglich. Die an sich schon kleineren Motorschiffe nach Baltrum haben einen ähnlich schwierigen Weg an der Südküste von Norderney entlang, der aber ist öfter nicht befahrbar, sobald nämlich ein stärkerer Ostwind gegen die Flut bläst und nicht genug Wasser in das Watt laufen läßt. Dann muß das Baltrumer Schiff die Insel Norderney nordwärts umfahren, um sicher, wenn auch mit Zeitverlust, das Ziel zu erreichen.

Die drei östlicher liegenden Inseln können ebenfalls nur nach dem Tide-Fahrplan, der sich nach der täglich später einsetzenden Flut richtet, erreicht werden. Vom Hafen Bensersiel aus fahren die Fracht- und Bäderschiffe nach Langeoog, der Hafen Neuharlingersiel versorgt Spiekeroog, und die Schiffsverbindung mit Wangerooge geht von Harlesiel bei Carolinensiel über das Wattenmeer.

Früher hatten die meisten Inseln eine weit ins Watt vorgeschobene Anlegebrücke, an der die Schiffe festmachen konnten und von wo die Reisenden mit der Inselbahn über den auf Pfählen errichteten Schienenstrang zum Inselbahnhof fuhren, auf Langeoog bis 1937 mit zwei Pferden, auf Spiekeroog bis 1949 einspännig. Einen solchen Anleger besitzen heute nur noch Spiekeroog und Wangerooge. Auf Wangerooge ist allerdings der Anlegerkopf durch angeschüttete Steinmassen und eingerammte Spundbohlen fast zu einem Hafen umgestaltet worden, aber die Inselbahn fährt noch über die kilometerlange Brücke.

So eilen bei jeder Flut die kleinen und großen Schiffe zwischen Festland und Inseln hin und her, zu einem ganz anderen Ziel fahren mit tuckerndem Motor die Fischkutter aus, die bei günstigem Wind oft auch das Segel gesetzt haben. Die Netze

Bei Ausfahrt backbords

Schwarze Spitztonnen

Dalben

Pricken

Bei Ausfahrt steuerbords

Rote Spierentonnen

Dalben

Pricken

Fahrwassermitte

Gabelungs- und Wiedervereinigungstonnen

Leuchttonne

Wrack-Tonne

Auf e. Untiefe

Häufig zu beobachtende Schiffstypen

Fahrgastschiff

Frachtschiff

Tanker

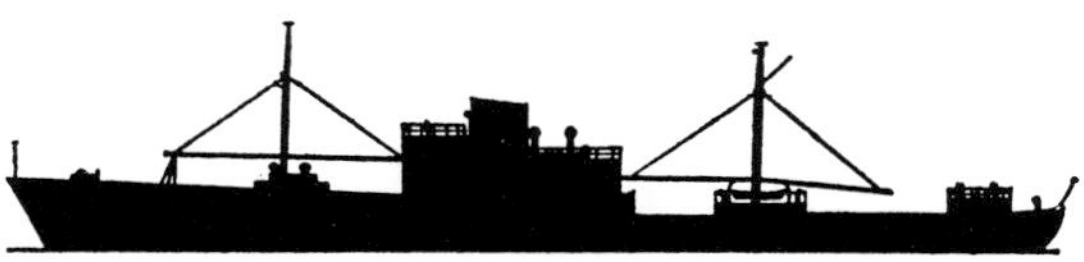

Frachtkühlschiff

Heringslogger

Seeschlepper

Küstenmotorschiff

Diesel-Motorlogger

Fischkutter

Alle Schiffe zeigen nachts weiße, rote und grüne Positionslaternen. Von links oben: Dampfer von Steuerbord, Dampfer über 45 m Länge von Backbord und von vorn; unten: kurzer Schleppzug von Steuerbord, langer Schleppzug von vorn, Lotsenfahrzeug von vorn; rechts: Positionslaternen eines Schiffes von oben (Waagerecht gestrichelt = rot; schräg gestrichelt = grün)

sind hoch an den Mast gezogen. Meist fischen sie im Watt, aber mancher Kutter fährt auch durch die Gatten vor den Nordstrand der Inseln. Sobald die Fischer ihre Netze ausgeworfen haben, hängen sie als Warnzeichen für vorüberfahrende Schiffe einen Fischkorb in die Wanten. Die Nacht hindurch fischen sie in zweistündigen „Streeks", und am frühen Morgen kehren sie mit ihrem Fang heim. Dann gibt es auf den Inseln und in den Küstenorten frische Schollen, Seezungen, Butts und andere Fische, aber auch „Granat", die fingerlangen Garnelen, die gekocht und als „Krabben" gern gegessen werden. Auf Norderney kann man nach gutem Fangwetter jeden Morgen die Fischer hören, die mit ihren Fischkarren durch die Straßen ziehen und die Hausfrauen mit lauten Rufen zum Kauf anlocken.

In den letzten Jahren hat sich das Watt auch immer mehr mit seetüchtigen Segeljachten und Motorbooten belebt, aber bei beginnender Ebbe suchen alle die Insel- und Küstenhäfen auf, und das Watt liegt dann immer wieder in grauer Leere da.

Ebbe und Flut – Gewalt der Gezeiten

Gewiß macht die Weite des Meeres, das bis an den fernen Horizont reicht und sich mit dem hochgewölbten Himmel zu vereinigen scheint, einen tiefen Eindruck auf den Inselgast, nicht weniger eindrucksvoll ist die unaufhörlich anrollende Brandung, die je nach Wind und Wetter schwächer oder stärker braust, aber gewaltiger und packender als alles sonst Geschaute ist das zweimal am Tage mit der unheimlichen Regelmäßigkeit eines Urgesetzes wiederkehrende Naturschauspiel der Gezeiten, von Ebbe und Flut. Der Friese spricht von Tiden und versteht unter einer Tide das Steigen und Fallen des Wassers, also die Zeit vom tiefsten Stand (Niedrigwasser) bis zum Hochwasser und weiter bis zum nächsten Niedrigwasser. Dazwischen liegt eine Ebbe, die ablaufendes Wasser bedeutet, und eine Flut, die auflaufendes Wasser bringt. Man spricht vom Mittleren Hochwasser (MHW) und vom Mittleren Niedrigwasser (MNW), die aus dem stets wechselnden Stand beider errechnet werden, und dementsprechend gibt es auch einen Mittleren Tidenhub, das ist der durchschnittliche Unterschied des Wasserstandes bei Niedrigwasser und Hochwasser. Wer als Binnenländer vor den Friesen bestehen will, muß sich bemühen, diese Bezeichnungen richtig anzuwenden. Das ist nicht allzu schwer, um so schwieriger aber scheint es zu sein, das gigantische Ereignis der Gezeiten zu erklären. Doch auch das wollen wir versuchen.

Verwundert sehen wir immer wieder von neuem, wie die Wellen am sandigen Nordstrand weiter und weiter hinaufrollen, fast plötzlich aber den höchsten Stand erreicht haben und nun mit jedem Wellenschlag ein wenig mehr zurückbleiben. Nur ein Spülsaum bleibt als eine Art Hochwassermarke an der Flutgrenze zurück, wo nun manches Sonderbare zu finden ist: Blasentang, Seegras, Meersalat, Muschelschalen, Schneckengehäuse, Seesterne, tote Krabben und Fische, Quallen, Seemoos, ganz selten auch einmal ein Stück Bernstein und auch Abfälle von vorüberfahrenden Schiffen.

Bei Niedrigwasser sonnen sich die Seehunde auf den Robbenplaten.

Allmählich tauchen aus dem ablaufenden Wasser Sandbänke und Riffe auf, die bei Hochwasser nur an darüber hinwegschäumenden Brandungswellen zu erkennen waren. Seichte Strandseen bleiben zurück, in denen die Kinder sich ohne Gefahr tummeln können, aber die tieferen Priele haben oft eine reißende Strömung, deshalb darf wegen der Lebensgefahr bei ablaufendem Wasser nicht gebadet werden. Nach etwas mehr als sechs Stunden hat die Ebbe ihren tiefsten Stand erreicht. Es ist Niedrigwasser, und vor fast allen Inseln sind große „Sandplaten" aufgetaucht, unerschöpfliche Reservelager für die Sandmassen, die stetig an den Strand geschwemmt und vom Winde weitergetragen werden. Weit draußen auf den Platen suchen nun die scheueren Seevögel nach Nahrung, z. B. die große Mantelmöwe mit den schwarzen Flügeldecken. Und nah am Wasser, wo die Sandbank abfällt, sonnen sich oft ganze Herden von Seehunden, wie auf der Robbenplate vor dem Nordstrand von Langeoog. An unserer Nordseeküste leben insgesamt etwa viertausend Seehunde, die alljährlich von Flugzeugen und Booten aus gezählt werden. Etwa ein Fünftel wird zur Jagd freigegeben, da die Robben sonst zu sehr unter dem Fischbestand aufräumen und der Küstenfischerei schaden würden. Die Jagd darf nur unter der Leitung eines zugelassenen Seehundjägers erfolgen, und zwar waidgerecht von der Sandbank aus, während Wilderer gelegentlich den Seehund mit dem Motorboot verfolgen. Die zulässige Zahl der Abschüsse wird aber kaum erreicht, während an anderen Küsten, z. B. in Dänemark, der Seehund infolge der ungeregelten Jagd nahezu ausgerottet ist. Bei uns aber können wir die Tiere noch Tag für Tag beobachten, wie sie sich faul in der Sonne räkeln und ihr Fell trocknen lassen.

So bietet der Nordstrand zur Ebbezeit wie während der Flut ein stets fesselndes Bild, aber gewaltiger noch als hier vollzieht sich der Wechsel am Südrande der Inseln, im Wattenmeer, wie wir bereits gesehen haben. Nun aber soll uns die Frage be-

Links: Niedrigwasser am Sandstrand: Strandriffe, Sandplatten, Strandseen, Priele und die vom Wellenschlag geschaffenen Riffelmarken.

schäftigen, welche ungeheuren Wassermassen von den Tideströmen durch die Seegatten bewegt werden. Das Watt an der ostfriesischen Küste faßt bei einer Länge von etwa 75 Kilometer, einer durchschnittlichen Breite von 8 Kilometer und einer Durchschnittstiefe von 2 Meter die Menge von 1,2 Milliarden Kubikmeter Wasser. Diese unvorstellbaren Wassermassen werden vom Ebbstrom in sechs Stunden durch die Seegatten getrieben. Um einen vagen Begriff von diesem Naturereignis zu bekommen, sei zum Vergleich der Rhein herangezogen, unser wasserreichster Strom, der bei Köln einen Wasserabfluß von etwa 2000 Kubikmeter in der Sekunde hat. Er müßte sieben Tage fließen, um die gleiche Menge Wasser fortzuschaffen, die der Ebbstrom durch die Seegatten befördert, also 14 Tage zur Bewältigung einer vollen Tide brauchen. Da es aber täglich zwei Tiden gibt, hätte der Rhein vier Wochen zu tun, um den ungeheuren Strom zu bewältigen, der an einem einzigen Tage vom Watt in die See und umgekehrt fließt.

Wie Ebbe und Flut entstehen

Wen sollte da nicht die Frage bewegen, welche Kräfte das ewig wiederkehrende Naturereignis der Gezeiten hervorrufen mögen! Es müssen außerweltliche Kräfte sein, da ihnen nicht nur die Nordsee unterworfen ist, da sie also nicht nur an unseren Küsten wirken, sondern viel gewaltiger noch an allen anderen Gestaden der Ozeane. Ursache ist die Anziehungskraft des Mondes und der Sonne, wobei der Mond wegen seiner größeren Nähe der stärkere ist. Sobald sich ein Ozean, in unserem Falle der Atlantik, unter dem Mond befindet, bewirkt dessen Anziehungskraft, daß sich der Meeresspiegel in der Mitte um einige Dezimeter hebt, was zur Folge hat, daß die Ränder vom Ufer weggezogen werden, etwa wie der Saum eines Teppichs, der in der Mitte angehoben wird.
Dreht sich nun die Erde unter dem Monde weiter, dann nimmt bei steigender Entfernung die Anziehungskraft des Erdsatelliten allmählich ab, und das Wasser flutet zurück – die Flut beginnt. Merkwürdigerweise entsteht aber etwa 12 Stunden spä-

Die „Vrouw-Johanna-Mühle“, die letzte von mehr als einem Dutzend Holländermühlen auf dem Stadtwall von Emden

Oben: Malerische Giebelhäuser am Hafen von Greetsiel

Unten: Trockendock im Emder Hafen

ter eine zweite Flut, und gerade dann, wenn das Meer sich auf der vom Monde abgewandten Seite befindet. Diese Flut kann nichts mit der Anziehungskraft des Mondes zu tun haben, und sie entsteht vermutlich durch die Fliehkraft, die durch die Erdumdrehung hervorgerufen wird. Vielleicht hat auch der jahrtausendealte Rhythmus der Gezeiten, die sich zweimal täglich rund um den Erdball vollziehen, eine erdenweite Wellenbewegung bewirkt, die immer wieder von der Anziehungskraft des Erdtrabanten angetrieben wird.

Während der Erdumdrehung ist nun aber der Mond auf seiner eigenen Bahn weitergezogen, und das Meer gerät erst 50 Minuten später wieder unter seinen Einfluß. So verschiebt sich also jede Tide um 25 Minuten, wonach ein genauer Flutkalender aufgestellt werden kann. So regelmäßig nun aber die Tiden kommen und gehen, so unterschiedlich sind sie in ihrer Höhe und Kraft. Wenn Sonne und Mond in einer Richtung zur Erde stehen, also bei Voll- und Neumond, dann verbindet sich die Anziehungskraft beider Gestirne, und die Folge ist eine merk-

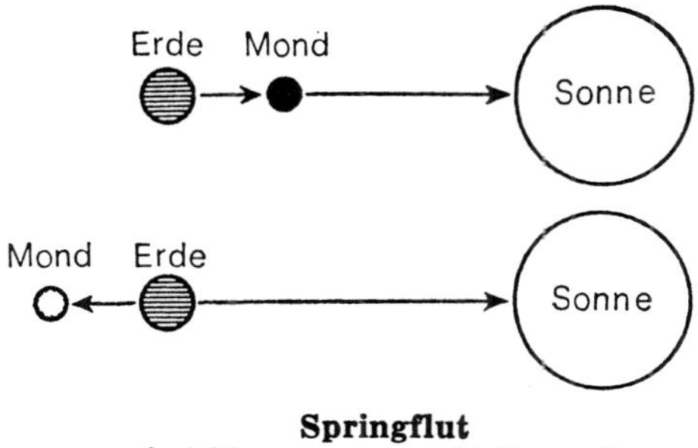

Springflut
(bei Neumond und Vollmond)

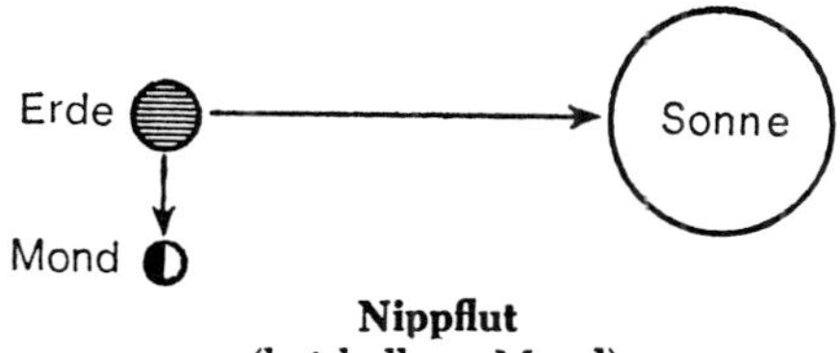

Nippflut
(bei halbem Mond)

Je nach dem Stande von Sonne und Mond zur Erde entsteht eine stärkere (Springflut) oder schwächere Flut (Nippflut).

lich höher ansteigende Flut, die man Springflut nennt. Das Hochwasser ist dann im Durchschnitt 20 Zentimeter höher als bei normaler Flut. Das scheint ein geringer Unterschied zu sein, aber auf dem flachen Strande wirkt er sich doch recht sichtbar aus, und mancher Badegast muß dabei ganz unvorhergesehen seine Strandburg räumen.

Umgekehrt ist es, wenn Sonne und Mond in entgegengesetzter Richtung zur Erde stehen, denn dann schwächt die Anziehungskraft der Sonne die des Mondes, und es kommt zu einer sogenannten Nippflut, wobei der Hochwasserstand etwa 25 Zentimeter niedriger liegt und der Strand weithin frei bleibt.

Der Tidenhub beträgt in der Nordsee etwa 3 Meter, aber das ist nur ein Durchschnittswert. Tatsächlich ist der Tidenhub an allen Punkten der Nordseeküste und also auch auf allen Inseln recht verschieden, er beträgt bei Borkum 2,17 Meter, bei Norderney 2,32 Meter, bei Wangerooge 2,70 Meter, bei Schillighörn an der Außenjade 3,06 Meter und innerhalb der Jadebucht bei Wilhelmshaven 3,59 Meter. Es zeigt sich also von Westen nach Osten eine steigende Höhe, wo man doch wohl eine Abnahme des Tidenhubs annehmen könnte, da der Flutstrom von Westen nach Osten verläuft. Das Ansteigen kommt aber dadurch zustande, daß die Flutmassen sich in der Deutschen Bucht stauen und am stärksten in der Jadebucht auflaufen.

Der Flutstrom dringt auch in die Flüsse ein, bringt das Flußwasser zeitweise zum Stillstand und drückt es kurze Zeit sogar stromaufwärts. Natürlich verringert sich der Tidenhub mit der Entfernung von der Mündung. Man spricht von einer Flutstromgrenze, bis zu der sich bei Hochwasser ein Stillstand des Flusses zeigt. Noch weiter aufwärts liegt die Flutgrenze, bis zu der sich die Gezeiten überhaupt noch bemerkbar machen. Diese Flutgrenze liegt in der Ems bei Papenburg, in der Weser bei Bremen und in der Elbe bei Lauenburg, etwa 40 Kilometer oberhalb des Hamburger Hafens, in dem sich – 110 Kilometer von der Mündung entfernt – Ebbe und Flut mit einem Mittleren Tidenhub von 2,17 Meter noch recht wirksam zeigen.

Sturmflut und Eisgang

Die großen Fluten

Mit der unheimlichen Regelmäßigkeit eines Naturgesetzes kehren die Tiden zweimal täglich wieder, aber wer einige Tage lang dies Schauspiel erlebt hat, der stellt mit Staunen fest, daß keine Flut, keine Ebbe der anderen gleicht. Der stetig an Stärke und Richtung wechselnde Wind wirkt so stark auf den Flut- und Ebbestrom ein, daß er nicht nur die Wellen bewegt, sondern auch den Stand von Hoch- und Niedrigwasser mitbestimmt. Als Faustregel gilt: Jeder Westwind treibt den ebenfalls von Westen kommenden Flutstrom höher, jeder Ostwind bremst ihn und hält ihn niedriger. Die angespülten Flutmarken am Sandstrand zeigen uns den jeweiligen Hochwasserstand der letzten Tage, bis neue Flutwellen sie wegspülen oder der treibende Sand sie zudeckt.

Wer im Sommer einige Wochen an der See verbringt, erlebt vielleicht auch eine Sturmflut, bei der ein starker Westwind die hohen Wellen oft bis an die Strandmauer treibt, so daß der Badestrand eiligst geräumt werden muß. Diese sommerlichen Sturmfluten sind meist nicht besonders stark, aber sie geben uns doch einen Begriff von den Stürmen und Orkanen, die im Herbst und im Frühjahr und weniger häufig auch im Winter über Küste und Inseln hinwegtoben.

Die oft furchtbare Gewalt der Sturmfluten ist nicht zu beschreiben, doch zeichnet sie sich nur zu deutlich an den Zerstörungen und Vernichtungen ab, die sie hinterlassen. Die Geschichte Ostfrieslands berichtet denn auch von vielen schrecklichen Stürmen, die das Land verheert haben. Sie wurden nach den Heiligentagen des Kalenders benannt, wie es früher Brauch war.

Die großen Buchten der ostfriesischen Küste sind alle von Sturmfluten ins Land geschlagen worden. Der Dollart war schon einige Jahrhunderte durch Deiche geschützt, als die Schutzwerke sich doch noch als zu niedrig erwiesen. Im 16. Jahrhundert brachen die Fluten so tief ins Land ein, daß dreißig Dörfer aufgegeben werden mußten. Die Bewohner konnten sich auf die höhergelegene Geest retten, aber sie sind mit der Zeit zurückgekehrt, nachdem sie in zäher Arbeit fast zwei Drittel des Dollarts wieder eingedeicht hatten. Die weite Bucht an der Emsmündung stellt also heute nur einen Bruchteil ihrer früheren Größe dar.

Die Leybucht ist bereits vor tausend Jahren durch mehrere Sturmfluten entstanden. Besonders verheerend wirkte die Marcellusflut 1362, die als die große „Mannsdränke" in die Geschichte eingegangen ist, da sie Tausende von Menschenleben gefordert hat. Die Leybucht reichte damals bis Marienhafe, also bis an den Geestrand, der auch hier die letzte Zuflucht der Marschbewohner war. Sie kehrten aber in die fruchtbare Marsch zurück, nachdem sie einen Polder nach dem anderen eingedeicht hatten. Der größte Neulandgewinn wurde dann in den Jahren 1947–50 mit der Eindeichung von 1000 ha erzielt. Heute liegt bei Greetsiel nur noch ein Rest der einstmals so riesigen Bucht.

Der Vergangenheit gehört auch die Harlebucht an, die östlich von Esens tief ins Land stieß. Ihre Entstehung liegt im Dunkel, aber die Geschichte berichtet, daß Wittmund, heute 15 Kilometer von der Küste gelegen, im Mittelalter ein bedeutender Seehafen war. Auch hier ging das tatkräftige Friesenvolk daran, dem Meere das Land wieder abzuringen. Immer wieder störten und zerstörten große Fluten, wie die Marcellusflut 1362, die Allerheiligenflut 1570 und die Weihnachtsflut 1717, „kleine Sintflut" genannt, das Menschenwerk, aber trotzdem ist die Bucht heute wieder geschlossen. Der letzte Akt der großen Landgewinnung war die Schaffung des Friedrichgrodens bei Carolinensiel im Jahre 1765. Von altem Pioniergeist zeugt aber schon ein neuer Groden, der diesem bis zum Harlesiel vorgelagert ist.

Unter den großen Buchten Ostfrieslands ist schließlich noch die Jadebucht zu nennen. Ihre Entstehung liegt in frühester Zeit, doch stieß sie nur wenig ins Land vor, bis sie durch die Antoniflut 1511 um fünf Kirchspiele vergrößert wurde, die in den Fluten untergingen. Die Marcellusflut 1362 drang auch hier bis an die Geest vor. Heute aber ist die Jadebucht von eingedeichtem Land umgeben, so groß sie auch jetzt noch ist. Der jahrhundertelange Kampf zwischen Mensch und Meer – Landraub und Landgewinnung – ist von Dodo Wildvang in seiner Karte von Ostfriesland (1929) durch eindrucksvolle Linien und Zahlen dargestellt worden. Auch die Neue Heimatkarte von Ostfriesland gibt darüber viele Aufschlüsse, besonders aber die Bildkarte zur Geschichte Ostfrieslands von Dettmar Coldewey.

Die Inseln als Bollwerke

Die völlige Eindeichung der einst so riesigen Harlebucht gelang den Marschbauern nach mancherlei Rückschlägen erst völlig, als sich die Insel Spiekeroog auf ihrer langsamen Wanderung nach Osten vor die Bucht gelegt hatte und einen Schutzwall bildete, hinter dem die Landgewinnung nun vollen Erfolg haben konnte. Solche Wellenbrecher bilden alle Inseln von Borkum bis Wangerooge. Sie haben seit jeher den Hauptstoß der Fluten aufzufangen, kein Wunder also, daß sie selber häufig genug großen Schaden nehmen mußten.
Nach einem gewaltigen Landuntergang blieben die Inseln Borkum, Juist und Norderney als Landreste erhalten. Wie der Geschichtsschreiber Plinius berichtet, besetzten die römischen Legionen auf ihren Eroberungszügen zu Beginn unserer Zeitrechnung die an der Emsmündung gelegene Insel Bant, die sie Burchana nannten. Die große Insel Bant, 45 Kilometer lang und an der breitesten Stelle 25 Kilometer breit, wurde vermutlich durch Sturmfluten zerschlagen. Das ist zwar historisch nicht sicher verbürgt, aber um 1400 verzeichnete eine Karte an der Stelle der Insel Bant fünf Restinseln, und zwar Borkyn, Juist, Bant, Buise und Osterende. Vielleicht waren sie nach Siedlungen benannt, die auf Bant gelegen hatten, wobei Osterende die östlichste war, die heute die Insel Norderney bildet.
Die Insel Buise wurde im 17. und 18. Jahrhundert durch Sturmfluten völlig zerstört, an ihrer Stelle befindet sich heute das Buise-Tief zwischen Norderney und Juist. In der Folgezeit

haben die aus dem zerschlagenen Bant verbliebenen Eilande noch viele harte Schläge aushalten müssen. Borkum wurde bei einem Flutdurchbruch in zwei Teile, das Westland und das Ostland, zerrissen. Im Jahre 1863 konnte aber die große Durchbruchstelle, die noch heute Tüskendör genannt wird, durch einen Deich geschlossen werden, der infolge der Sandverwehungen zu einem breiten Dünengürtel geworden ist. Auch Juist erlebte einen gewaltigen Durchbruch von mehr als einer Meile Breite (Petriflut 1651), wobei das ganze Dorf zugrunde ging. Nur der Kirchtum stand noch jahrelang in der Brandung, die hier nun tobte. Vor etwa hundert Jahren wurde der Durchbruch nach Süden, vor vierzig Jahren auch am Nordstrand geschlossen, und zwischen den beiden Deichen entstand der große Hammersee, ein einzigartiges Naturschutzgebiet, das aber wegen des starken Sandtreibens in wenigen Jahrzehnten verlanden wird. Das neuerrichtete Dorf wurde dann noch mehrmals ein Opfer der Sturmfluten; in knapp eineinhalb Jahrhunderten haben die Juister fünf Kirchen bauen müssen.

Norderney ist weniger von Flutkatastrophen heimgesucht worden, wenn die Bewohner auch immer wieder große Opfer für die Erhaltung und Befestigung des ständig bedrohten Westufers bringen mußten. Der Weg der Sturmfluten ihrer Richtung und Gewalt nach ist unberechenbar, und so verheerend sie auf der einen Insel wirken, so wirkungslos bleiben sie oft bei der Nachbarinsel. So hat auch Baltrum bei den berüchtigten großen Fluten meist nur wenig gelitten, aber 1825 wurde im Westen der Insel ein großes Stück weggerissen und dabei der Friedhof völlig zerstört, wovon noch lange Zeit die Teile von Skeletten zeugten, die am Ostende antrieben. Der Abbruch des Westrandes schritt so schnell fort, daß der Friedhof aufgegeben und die neue Strandmauer mitten hindurch gelegt werden mußte.

Auf Langeoog wurde durch die „Kleine Sintflut" 1717 das Grote Sloop gerissen, ein breiter Durchbruch, der erst vor sechzig Jahren durch den Slooper Diek wieder geschlossen werden konnte. Im Oktober 1936 griff eine Sturmflut die Dünen so stark an, daß die Strandhalle abgebrochen werden mußte, da

Oben: Der alte Westturm von Wangerooge stand nach der Silvesterflut 1854 als Rest des untergegangenen Dorfes einsam und von jeder Flut umbraust am Strande.
Unten: Der Hammersee auf Juist ist der Rest eines breiten Durchbruches, der im Norden und Süden durch Deiche geschlossen worden ist.

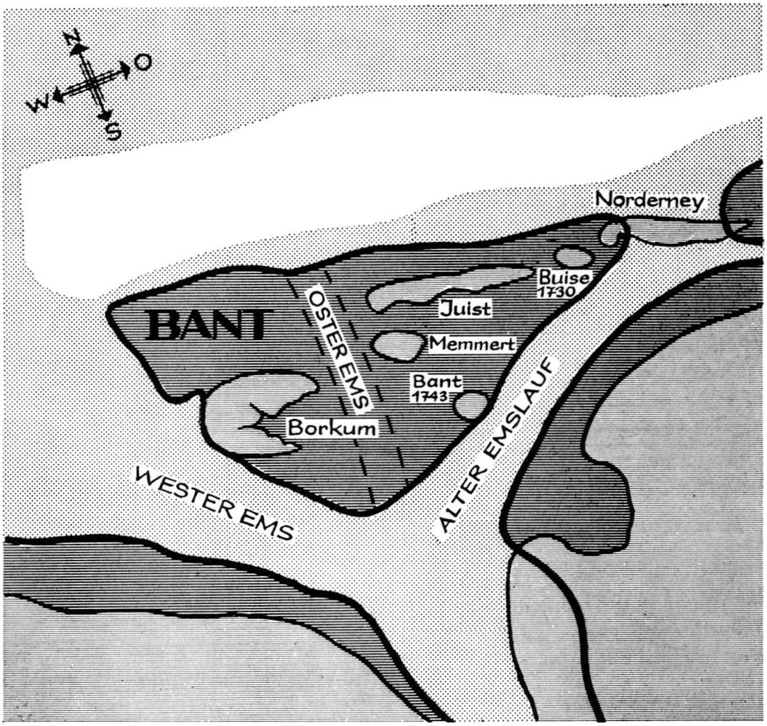

Zur Römerzeit lag vor der Emsmündung die große Insel Bant, von den Eroberern Burchana genannt. Sturmfluten zerschlugen die Insel, dazu kam die Landsenkung, so daß um 1400 n. Chr. auf einer Karte nur die Restinseln Borkyn, Juist, Bant, Buise und Osterende (Norderney) verzeichnet waren, wovon Bant und Buise untergegangen sind.

sie keinen sicheren Stand mehr hatte. Die Landungsbrücke, die östlich vom jetzigen Hafen lag, wurde völlig zerschlagen. Spiekeroog scheint durch seine günstige Lage vor allzu großen Katastrophen bewahrt geblieben zu sein, aber Wangerooge hat im Laufe der Geschichte um so mehr mitmachen müssen. Alle großen Fluten der vergangenen Jahrhunderte bedrohten seinen Bestand und rissen vor allem vom Westrand so große Stücke weg, daß die Insel mit der Zeit um ihre ganze Länge nach Osten verlagert worden ist. Die schwersten Katastrophen wurden aber übertroffen durch die schreckensvolle Silvesterflut 1854, die das ganze Westdorf und damit auch die Einrichtungen des „Großherzoglichen Bade-Etablissements" – Kurhaus, Logierhäuser, Pavillon usw. – in dem aufblühenden Seebad vernichtete. Der wuchtige Westturm, um 1600 als Seezeichen errichtet, blieb allein stehen und hielt jahrzehntelang aus, obschon er von der Brandung umtobt wurde, bis er Ende 1914 auf Befehl der Marineleitung gesprengt werden mußte, da man etwas voreilig befürchtete, er könne angreifenden englischen Seestreitkräften als Richtzeichen dienen.

Die Februarflut 1962

Die Bollwerke an der Küste – Buhnen, Strandmauern, Deiche und Deckwerke –, die der Friese besonders im Laufe der letzten hundert Jahre gegen die tobende Gewalt der See errichtet hatte, schienen nach menschlichem Ermessen für die Ewigkeit gebaut zu sein. Wer die gigantischen Befestigungen an den Westufern und vor allem an den Nordwestecken der Inseln Borkum und Norderney kennt – und die hohe, feste Strandmauer im Nordwesten von Wangerooge gekannt hat –, der mußte wohl glauben, daß vom gewalttätigen „Blanken Hans" nun nichts mehr zu befürchten sei. Die verheerende Flutkatastrophe vom 16. und 17. Februar 1962 hat aber solche Hoffnungen buchstäblich zusammenbrechen lassen. Die Überschwemmungen in Hamburg, die mehrere hundert Menschenleben gefordert haben, erschütterten die ganze Welt. Nur am

Rande wurden in den Nachrichten die Schäden auf den Inseln vermerkt.

Auf Wangerooge wurde die gewaltige, sieben Meter hohe Strandmauer aus Quaderblöcken, Betonklötzen und Stangenbasalt, an der sich bis dahin die Sturmbrandung ausgetobt und totgelaufen hatte, völlig zerschlagen und zertrümmert. Zwar konnten die Trümmermassen noch einen völligen Durchbruch und damit eine Katastrophe verhindern, aber an anderer Stelle brachen die Wassermassen durch den Dünenwall. Sie legten dabei den längst unter riesigen Sandmassen begrabenen, im Jahre 1874 angelegten „Reichsdeich" frei, der schließlich der durchbrechenden Flut Einhalt gebot. Der Groden wurde allerdings doch vom Watt her, wo sich die Flutmassen stauten, völlig überschwemmt. Als der Sturm sich legte, lief das Wasser zwar bald wieder zum Watt hin ab, aber die Grodenweiden waren für einige Jahre versalzen.

Vom Watt her kam merkwürdigerweise auch die Gefahr für Borkum. In der Osterems und in dem breiten Watt hinter der Insel trieb der Sturm so große Wassermassen zusammen, daß es zu einem gewaltigen Rückstau kam, der das Wasser gegen den Südstrand von Borkum schwemmte. Der Sommerdeich vor dem Ostland wurde schon bald überflutet, schützt er doch, wie sein Name sagt, ohnehin nur gegen die weniger starken Sommerfluten. Diesmal hielt aber auch der hohe neue Deich nicht stand. Er brach auf einer Länge von fast 100 Meter, und das dahinter liegende Weideland wurde überschwemmt. Völlig unter Wasser geriet auch das Naturschutzgebiet Greune Stee, aber nur für kurze Zeit, und das Salzwasser floß wieder ab, ehe es dem Baumbestand geschadet hatte. Die Borkumer befürchteten, daß die Flut die Insel wieder wie früher in zwei Teile zerreißen könnte, aber auch hier war ein alter Deich der Retter in der Not, der um 1600 erbaute, nahe vor dem Dorf liegende dichtbewachsene Erdwall.

Auch Juist wurde vom Watt her überflutet, weshalb in jahrelanger Arbeit der Süddeich auf etwa drei Kilometer Länge stark erhöht werden mußte. Weniger groß waren die Schäden auf den anderen Inseln, und es zeigte sich wie schon öfter, daß

Oben: Das neue Deckwerk im Nordwesten Wangerooges, davor die Trümmerreste der zerstörten Strandmauer.

Unten: Auf Spiekeroog wurde das Deckwerk im Westen mit dem Haus „Sturmeck" weggerissen.

Oben: Im Winter 1962/63 waren die Inseln fast zehn Wochen ohne Schiffsverbindung mit dem Festland.

Unten: Anhaltender Ostwind verwandelt im Winter Strand und Watt in eine Polarlandschaft.

die Gewalten der Stürme und des Meeres unberechenbar sind und keineswegs überall mit der gleichen zerstörenden Kraft auftreten. Zwar gab es auf Langeoog einen starken Einbruch in die Dünenkette, auf Spiekeroog wurde das Deckwerk im Westen mit dem hoch auf den Dünen stehenden Haus Sturmeck weggerissen, aber im allgemeinen gab es nur Schäden, wie sie allwinterlich auftreten.
Die Deichbrüche sind längst wieder geschlossen, die Strandmauern ausgebessert, und Wangerooge hat im Westen ein neues Deckwerk erhalten, das jahrelang Arbeit und Millionen gekostet hat. Ist die Nordsee, die man von alters her die Mordsee nennt, nun für alle Zeiten in Fesseln gelegt, oder wird das Untier immer wieder zuschlagen und vernichten, was Menschenhände geschaffen haben?

Eisiger Wind aus Ost

Wie der Westwind den aus der gleichen Richtung kommenden Flutstrom vorantreibt und bis zur Sturmflut aufpeitschen kann, so bewirkt der Ostwind das Gegenteil, er hält den Flutstrom zurück und treibt den Ebbstrom stärker zum Seegatt hinaus. Und wie bei Weststürmen die Tiden manchmal völlig aufgehoben erscheinen, also das Watt bei Ebbe wie bei Flut gleicherweise angefüllt bleibt, so ist es bei starkem Ostwind öfter fast von Wasser leer, ist auch hier die Tide mehr oder weniger ausgeschaltet, diesmal mit anhaltendem Niedrigwasser. Die schwierigen Schiffahrtswege, z. B. nach Juist und Baltrum, aber auch nach Wangerooge und Spiekeroog, führen dann zu wenig Wasser, und die Schiffe müssen vorsichtig über die Untiefen hinweg laviert werden, falls sie überhaupt auslaufen können.
Oft kommt aber die Küstenschiffahrt völlig zum Erliegen, besonders im Winter, wenn zu dem anhaltenden starken Ostwind noch das Eistreiben einsetzt. Eine solche Kalamität erlebten die Wangerooger nach dem Untergang des Westdorfes um Silvester 1854. Sie hatten kaum ihre Notbehausungen in den Ostdünen errichtet, da wurden sie für acht Wochen vom Festland abgeschnitten, und es wäre zu einer Hungersnot gekommen,

wenn die Insulaner beim Dorfuntergang nicht als erstes ihre Wintervorräte in Sicherheit gebracht hätten.

Merkwürdigerweise verbündete sich auch die Februarflut 1962 mit der Eisnot, und die ostfriesischen Inseln waren monatelang vom Packeis eingeschlossen.

Wie kann es aber zu solchen Vereisungen kommen, wo doch das Meer im Sommer so viel Wärme speichert, daß es im Winter nicht zufriert? Nun, die Eismassen bilden sich meist erst im Januar, wenn die gespeicherte Wärme verbraucht ist, dann aber hauptsächlich im Watt. Die seichten Priele frieren während der Ebbe zu, und die Flut schiebt die Eisschollen zusammen. Dazu kommt das Eis, das von den Flußmündungen her ins Watt treibt. Weht nun aber auch noch ein starker Ostwind, der sibirische Kälte mit sich bringt und buchstäblich durch Mark und Bein geht, dann wird der Flutstrom zurückgedrängt, und das Eis bleibt im Watt, während sich infolge der Kälte neue Eismassen bilden, die sich zu wahren Eisbergen türmen. Man glaubt nicht im Watt oder am Strand zu sein, sondern fühlt sich in eine arktische Landschaft versetzt.

Die Inselbewohner müssen nun oft wochenlang bei schneidender Kälte ausharren, wenn sie auch nicht gerade Not leiden, denn da die Eisnot sich alle paar Jahre wiederholt, aber nie vorausgesehen werden kann, muß vorsorglich Vorratswirtschaft getrieben werden. Außerdem wird eine Luftbrücke eingerichtet, um Personen und Eilgüter befördern zu können, solange die Luftverbindung nicht durch Nebel oder Schneetreiben unterbrochen ist. Wenn dann – meist erst nach Wochen – der scharfe Wind sich legt oder nach einer anderen Richtung dreht, strömt die nächste Flut schon wieder mit voller Kraft ins Watt. Sie hebt die Eisschollen und Eisberge, und der Ebbstrom führt sie dann durch die Gatten ins Meer. Meist wird das aber nicht von einer einzigen Tide geschafft, und oft treibt das Eis tagelang hin und her, wobei es große Zerstörungen anrichten kann. Die Schiffe, die draußen an den Anlegebrücken liegen und wie auf einer Eismeerfahrt von Packeis umgeben sind, können sich nur mit Mühe befreien. Die Anleger selbst aber werden oft beschädigt. Das Eis knickt baumstarke Pfosten oder reißt sie reihenweise aus dem Sandgrund. So wurde vor zwanzig Jahren auf Juist die ganze Landungsbrücke mit Kaianlagen, Aufbauten und Eisenbahnschienen weggerissen. Die Trümmer lagen eines Morgens in einem riesigen Packeislager vor dem Bahnhof zusammengeschoben. Der Ostanleger von Wangerooge, der im äußersten Osten der Insel für den Verkehr mit Wilhelmshaven und Bremerhaven errichtet worden war und Jahr für Jahr wegen der Sturm- und Eisschäden ausgebessert werden mußte, ging im Winter 1958 beim Eistreiben vollends zu Bruch und wurde nicht wieder aufgebaut.

Wenn das Eis aber einmal in Bewegung geraten ist, schaffen zwei oder drei Tiden es durch die Gatten ins Meer hinaus. Die Schiffer haben nur darauf gewartet, und kaum bekommen sie genug Wasser unter den Kiel, dann versuchen sie die Fahrt durch das Watt. Das ist zunächst noch wie eine Reise im Eismeer, und oft zwingt ein Eisfeld sie zur Umkehr, aber schließlich gelingt es doch, und eilends fahren die Schiffe zwischen den Festlandshäfen und den Inseln hin und her, um sie wieder mit den Gütern zu versorgen, die sich zu Haufen gestapelt hatten.

Die doppelte Gefahr, jeden Winter mit fast naturgesetzlicher Sicherheit einmal durch Sturmfluten, ein andermal durch Eisgang und manchmal auch durch die infernalische Folge beider vom Festland abgeschnitten zu werden, mag den Festlandsbewohner schrecken, der Friese nimmt solche Naturereignisse mit angeborener Gelassenheit hin, und auch mit der ererbten Tatkraft, die ihn die Gefahren, die das Meer bringt, meistern läßt.

Strandraub und Strandrecht

Vor tausend und mehr Jahren herrschte am Strande nur ein Recht, das Recht des Stärkeren. Wer damals zu Schiff an den Strand kam, war meist ein Feind, der rauben und totschlagen wollte, und wenn ihn einmal das Unglück traf und sein Schiff an den Strand geworfen wurde, dann konnten die Landsässigen endlich Rache üben und selber Beute machen. In späteren Jahrhunderten warf mancher Sturm, der Not und Tod über die Inseln und die Küste brachte, zum gnädigen Ausgleich fremde Kauffahrer an den Strand, die von den reichen Hansestädten nach England oder Flandern fuhren und auf der Hin- und Rückreise alle Schätze dieser Welt in den dicken Schiffsbäuchen trugen. „Schipp op Strand!" war dann der Alarmruf, der alles, was laufen und schleppen konnte, an den Strand eilen ließ. Sie sammelten das Treibgut am Strande oder in der Brandung auf, sie enterten das gestrandete Schiff, und nicht selten kam es zu Kämpfen mit der Besatzung.

Man muß verstehen, was das Strandgut – Fässer mit Wein oder Bier, Tuche und Linnen, Gold und Silber und auch geringere, aber lebenswichtige Güter, wie Gerste, Roggen, Holz und Eisen –, was diese Schätze für die Küstenfriesen bedeuteten, die meist nur ein paar Stück Vieh halten und einen kleinen Acker bebauen konnten und mehr von Fischen als von Brot und Fleisch lebten. Was über den mindesten Lebensbedarf hinausging, haben sie jahrhundertelang als Strandgut erhofft und erhalten. Noch als viele Friesen selber die Meere befuhren, mit eigenen Schiffen oder in fremden Diensten, als der Walfang viel Reichtum brachte, blieb das Strandgut ersehnter Gewinn.

Es wird berichtet, daß es um das mehr oder weniger wertvolle Strandgut oft wilde Kämpfe gegeben habe. Da suchten die Beutemacher einander den Raub abzujagen, da gab es wahre Fehden zwischen Inseln und Küstendörfern, wenn das gestrandete Schiff etwa auf der Grenze des einen zum anderen lag, da kämpften auch die Schiffbrüchigen zuerst um ihr Leben

Oben: Ziehbrücke und Windmühle bei Westgroßefehn
Unten: Fischkutter zur Ebbezeit im Hafen von Neuharlingersiel

Oben: Der „Sonnenstein" im Garten der Ostfriesischen Landschaft in Aurich, eine 1963 bei Horsten gefundene, aber noch nicht gedeutete Granitporphyrplatte

Unten: Im Grabkeller der Kirche zu Jennelt steht der Kupfersarg des Dodo von Inn- und Knyphausen, Feldmarschall des Schwedenkönigs Gustav Adolf und nach dessen Tod Oberbefehlshaber und Sieger in der Schlacht bei Lützen (1632), gefallen in einem Scharmützel bei Haselünne (1636)

und dann um ihr Gut. Das Leben der Fremden aber galt nicht viel und schon gar nichts, wenn sie ihr Gut verteidigen wollten. Es soll sogar vorgekommen sein, daß Schiffbrüchige umgebracht wurden, um im wahrsten Sinne des Wortes „kurzen Prozeß" zu machen. Reiche Handelsherren und Ratsleute wurden oft nur gegen ein hohes Lösegeld freigelassen, besonders in jener Zeit, als die Seeräuber, vor allem Klaus Störtebeker und seine Kumpanei, mit den ostfriesischen Häuptlingen im Bunde waren.

Raub wurde Recht

Um diese Zeit hatten die Landesherren längst erkannt, welch gute Einnahmequelle das Strandrecht bot. Sie setzten Strandvögte ein, die mit Hilfe ihrer Büttel die landesherrliche Gewalt gegen die beutegierigen und aufsässigen Strandbewohner durchsetzen mußten. Sie legalisierten ihre Ansprüche auch durch eigene Gesetze, so erließ Graf Edzard II. von Ostfriesland um 1570 eine Strandordnung, und im Jahre 1636 kam die „Ordinantz" des Fürsten Ulrich II. für die Insel Langeoog heraus, die auch für Spiekeroog galt, wo das Strandglück besonders günstig war. Darin hieß es:

„Erstlich setzen, ordnen und wollen Ihro Gnaden, daß alle Einwohner des Eilands Langeoog dem Vogt in allen billigen Sachen, so seines Amtes sein, oder von Ihro Gnaden und dero nachgesetzten Drosten und Amtmann des Hauses Esens ihm anbefohlen werden mag, gebührlich respektieren und Gehör geben, bei Vermeidung Ihro Gnaden höchster Ungnad . . .

Damit auch die Strande frei und unberaubet sein und bleiben mögen, soll sich niemand verkühnen, den Strand allein zu visitieren oder sich darauf finden zu lassen, außer dem Vogt mit denen, die er mit sich genommen. Inmaßen er soll gehalten sein, zween der ältesten Hausleute zu sich zu fordern, und was von angetriebenen Gütern gefunden, in ihrer Gegenwart verzeichnen und hernach in gute Verwahrung nehmen und alsbald an Ihro Gnaden Haus Esens berichten und fernerer Verord-

nung gewärtig sein; würde aber einer oder mehr hierwider handeln, der oder dieselben sollen zum ersten Male in 10 Goldgulden verfallen sein, hernach aber gefänglich genommen und nach Esens geschickt werden . . .
Alle Einwohner von Langeoog sollen in den Gütern, so an dem Fußstrand zu Langeoog stranden, gleich sein und ein jeder eben viel empfangen. Poena = 10 Goldgulden.
Wenn einige Schiffe stranden, sollen alle Einwohner, so zur selben Zeit einheimisch und zu Hause sind, sobald ihnen solches vom Vogt angemeldet wird, schuldig und gehalten sein, Kaufmanns Gut zu bergen und sich in keiner Weise irren, hindern oder abhalten lassen, bei Poena = 20 Goldgulden.
Es sollen aber die Einwohner, so Schiffe führen, sich nicht erkühnen oder erlisten lassen, einige Kaufmannsgüter, sie seien klein oder groß, aus den gestrandeten Schiffen einzuladen, es sei denn, daß es zuvor richtig verzeichnet und ihm vom Vogt solches zu tun befohlen . . . Auch soll niemand gestrandete Güter, welchen Namen sie auch immer haben mögen, unterschlagen oder heimlich wegbringen und in seinem Nutzen verwenden, sondern dieselben zu jeder Zeit richtig angeben, verzeichnen lassen und redlich dabei handeln; Poena: jedem 20 Goldgulden oder Ihro Gnaden Arbitral-Peinliche Strafe . . .
Alle Einwohner sollen . . . sich in allen Punkten fleißig und willig zeigen und nicht ablassen, bis alles der Möglichkeit nach zurecht und in salvo gebracht . . . Der Vogt soll von Anfang bis Ende bei der Bergung verbleiben und mit allem Fleiß zusehen und gute Ordnung geben, daß alle geborgenen und von ihm in specie ausgezeichneten Güter wohl verwahret und an den dafür verordneten Ort und nirgend anders gebracht werden . . .
Wenn die Bauern ihren Teil der gestrandeten Güter, so ihnen anstatt des Bergegeldes gebühret oder von Ihro Gnaden zugesprochen werden mag, empfangen, sollen sie denselben eher nicht an andere Fremde zu verkaufen bemächtigt sein, sie haben denn zuvor Ihro Gnaden denselben um ein Billiges zum Kaufe anpräsentiret und davon Bescheid bekommen. Poena einem jeglichen = 10 Goldgulden . . .“

„Herr, segne unsern Strand!"

So sollen die Inselfriesen noch vor gar nicht langer Zeit gebetet haben. Es war ein Notgebet, und zu ihrer Entschuldigung mag gesagt sein, daß sie nicht um Schiffsuntergänge beteten, sondern nur, falls solches schon geschehen, der Herr möge das treibende Gut gnädig an ihren Strand leiten. Rauh und meist auch ungesetzlich ging es dann zu, wie nachstehender Bericht über eine Strandung zeigen soll. (Nach Tongers)

Anfang des Jahres 1702 strandete das Kauffahrteischiff „Maria", das mit Tabak und Stückgut von London nach Bremen unterwegs war, an den Sandriffen vor Langeoog. Es war unversehrt geblieben, konnte sich aber nicht wieder befreien. Der Kapitän ging an Land und bat den Inselvogt, seinem Bremer Reeder über die Fürstliche Regierung in Aurich Nachricht von der Strandung zu geben. Unterdessen gingen die Insulaner nach Strandrecht an Bord, aber die Schiffsmannschaft verschloß die Ladeluken und wehrte die Berger ab. Der Droste von Esens schickte den Burggrafen mit zwei Waffenknechten zur Insel, ließ das Schiff nach der Strandordnung mit Beschlag belegen und zum Bergen freigeben. Die Langeooger fuhren mit ihren zweirädrigen Wagen die Ladung ab, und nach sieben Tagen war die gesamte Ladung geborgen. Davon standen nach Strandrecht dem Fürsten, den bergenden Insulanern und schließlich auch dem Eigner je ein Drittel des Wertes von Schiff und Ladung zu.

Inzwischen hatten die Bremer Herren zwei Leichter geschickt, um die Ladung zu löschen und nach Bremen schaffen zu lassen. Gleichzeitig protestierten sie gegen die Deklarierung des Schiffes als Strandgut, womit sie nach langen Verhandlungen nur erreichten, daß sie Bergegeld zahlen mußten, wovon die fürstliche Finanzverwaltung allein 1000 Reichstaler erhielt. Die Bremer hatten zunächst nur einen angemessenen Tagelohn an die Berger zahlen und ein Faß Bier und eine Tonne Heringe obendrein geben wollen. Sie mußten sich dem Spruch des Drosten von Esens fügen, der für seine Mühen noch 200 Reichstaler und einige Präsente an seine Gattin erhielt. Die Langeooger

erhielten je Haushalt 125 Goldgulden, für Spanndienste 50 Goldgulden dazu, der Inselvogt, der Pastor und der Lehrer nach Brauch und Sitte den doppelten Part. Der Pastor, der auf Kollektenreise gewesen war, mußte allerdings um seinen Anteil kämpfen. Man hatte ihn einfach übergangen, und erst ein Machtspruch des Fürsten verhalf ihm zu seinem Recht.
Die Bremer Kaufherren retteten auf solche Weise ihre kostbare Ladung, aber sie versuchten das barbarische Strandrecht grundsätzlich zu klären und wandten sich an das Kaiserliche Hofgericht in Wien. Sicher standen alle Hansestädte hinter den Bremern, als sie forderten, daß sie bei einer Strandung nur einen „billigen Bergelohn" zu zahlen hätten, sonst aber über Schiff und Ladung frei verfügen könnten. Der langwierige Prozeß lief darauf hinaus, daß der Fürst von Ostfriesland den Bremern einige Zugeständnisse machte, sofern es sich um bremische Waren handelte, aber unerbittlich an dem Strandrecht festhielt, sobald das Strandgut aus englischen Waren bestand, da die Engländer auch mit gestrandeten ostfriesischen Schiffen nicht anders verfuhren. Immerhin war dies ein Beginn, das „barbarische, grausame und unchristliche" Strandrecht zu humaneren Formen abzuwandeln.

Strandrecht heute

Das alte Strandrecht ist aber in den Grundzügen bestehen geblieben. Wer Strandgut findet, muß dies dem Strandvogt melden und es dem Eigentümer, falls er es fordert, gegen einen angemessenen Bergelohn zurückgeben. Das meiste Strandgut stammt aber nicht von Schiffsuntergängen, sondern von Decksladungen, die bei Sturm über Bord gegangen oder geworfen worden sind und gewöhnlich von den Eignern nicht zurückgefordert werden. Mitunter ist dann der Strandsegen, wo die Drift ihn gerade antreibt, ungewöhnlich groß. So war an einem eiskalten Sonntag des „Steckrübenwinters" 1917 nach einem Sturm der Strand der östlichen Inseln von Kisten geradezu übersät, dazu befanden sich Tausende noch „in der Drift". Es stellte sich schnell heraus, daß die Kisten beste dänische Margarine enthielten, die für England bestimmt gewesen war, nun aber bei wirklich Bedürftigeren landete. Soldaten und Insulaner schwärmten am Strande aus und brachten zentnerweise heim, was ihnen sonst nur grammweise zugeteilt wurde. Da viele Kisten durch die Gatten ins Wattenmeer getrieben waren, liefen die Fischer von Carolinensiel und Neuharlingersiel aus und beluden ihre Kutter fast bis zum Sinken. Als die Zollbehörde einige Tage später ihren Tribut einziehen wollte, war von der Unmenge nur ein Rest übriggeblieben, alles andere lag in Dünenlöchern vergraben oder in anderen Schlupfwinkeln versteckt.

Ein andermal, ebenfalls im ersten Weltkrieg, war irgendwo auf der Nordsee eine Decksladung Holz über Bord gegangen, und über Nacht hatte der Sturm die dicken, langen Bohlen an den Strand geworfen, wo sie wie riesige Streichhölzer in Haufen durcheinander lagen. In wenigen Stunden war der Strand geleert, aber es gab auch diesmal, wie von alters her, viel Ärger mit den Behörden, da es sich um gutes Bauholz handelte. Ein Teil wurde beschlagnahmt, aber der größere ging dunkle Wege und mag sich wohl heute noch finden lassen, allerdings in Inselhäusern und Schuppen verbaut.

Mancher wird sich entsinnen, daß kurz nach dem letzten Kriege eine riesige Schiffsladung Apfelsinen an den Strand gespült wurde, und zwar in einer solchen Menge, daß ganz Nordwestdeutschland mit dieser „Ernte“ beliefert werden konnte, wohin die lange entbehrten Früchte, die leider ein wenig den Geschmack des Meerwassers angenommen hatten, auf Lastwagen geschafft wurden.

Alte Strandvögte, wie der achtzigjährige Kapitän Georg Peters in Neuharlingersiel, können noch von anderen gewinnbringenden Bergungen berichten, wie z. B. von dem großen Baumwollsegen im Jahre 1891. Damals strandete das Schiff „Ocean King“ zwischen Spiekeroog und Langeoog, wo das Wrack heute noch liegt. Es hatte Baumwolle geladen, und die Ballen trieben nun im Wasser, wurden von den Fischern geborgen und in solcher Menge an Land geschafft, daß sie, wie sich der Strandvogt noch aus seiner Jungenzeit erinnert, meterhoch im ganzen Dorf umherlagen.

Im allgemeinen ist das Strandgut, das allwinterlich fast mit jeder Sturmflut und auch sonst antreibt, nicht immer wertvoll, aber Bohlen und Bretter, Stämme und Kisten sind bei der völligen Holzarmut des Landes auch schon recht begehrt. Und nach jedem Sturm kann man fleißig Ausschau haltende „Strandjer" sehen, die auf Beute hoffen, was ihnen das Meer auch zuwerfen mag.

Seenot und Rettung

Schiffsuntergänge ohne Zahl

Hunderte von Schiffen sind im Laufe der Geschichte an der ostfriesischen Küste untergegangen, aber nur hier und da verraten uns die aus dem Wasser ragenden Masten oder bei Niedrigwasser die schwarzen, zerschlagenen Schiffsrümpfe, wo ein Wrack liegt. Mitunter bezeichnet auch nur eine grüne, mit W gezeichnete Wracktonne, wo ein untergegangenes Schiff in der Tiefe ruht und der Schiffahrt gefährlich werden kann. Das sind spärliche, aber doch eindrucksvolle Zeichen vergangener Katastrophen, die zum Teil noch im Volksmund lebendig sind, um so mehr, je grauenerregender sie waren. Doch sie wurden auch in langen Listen verzeichnet, so im Niedersächsischen Staatsarchiv zu Aurich, das von 1627 bis 1893 allein fünfzig vor Borkum gestrandete Schiffe registrierte. (Nach W. H. Kruse)

Einige Beispiele mögen die Herkunft der Schiffe und ihre Ladung kennzeichnen:

1670 Bremer Schiff „Die Hoffnung" von Bergen mit Laberdan (gepökelter Kabeljau), Butter usw.

1688 „De jonge Tobias" mit Wein, Prünellen und Kastanien.

1701 Schiff „Diligentie" mit Schiffsmasten für die englische Kriegsflotte.

1702 Hamburger Schiff „Katharina" von Bordeaux kommend. 323 Fässer Wein trieben auf Borkum und Juist an.

1706 Hamburger Fregatte „Die Rose" mit Kupfer, Linnen und Weizen nach Lissabon.

1707 Schiff von Rochester mit Austern für Herzog von Holstein, Gouverneur von Helgoland und Hamburger Kaufleute.

1710 Bremer Schiff mit Heringen.

1712 Holländisches Schiff mit Dielen.

1716 Englisches Schiff „St. Jakob" mit französischem Wein und Seidenwaren. Drei Kanonen geborgen und in Greetsiel aufgestellt.

1717 Hamburger Galiot „Der vergüldete Hirsch" mit Kaffee, Zucker, Tabak, Ingwer, Musselin, Flanell usw. Wert der Ladung 100 000 Reichstaler.

In allen älteren Berichten ist kaum einmal etwas von den Schiffbrüchigen zu lesen. Die Gier nach Strandgut, so verständlich sie auch sein mochte, ließ wohl kaum einmal humane Gedanken an die unglücklichen Opfer der See aufkommen. Merkwürdigerweise gab es aber in England bereits mehr als hundert Rettungsstationen, als an unseren Küsten noch nicht einmal die Rede davon war. Anscheinend sollten die deutschen Staaten wohl wie England zu größerer Seegeltung kommen und damit die Verpflichtung fühlen, ein Rettungswerk aufzubauen. Es mußten aber wohl noch zwei furchtbare Schiffsunglücke geschehen – der Untergang des Auswandererschiffes „Johanne" vor Spiekeroog und der Brigg „Alliance" bei Borkum –, bis endlich das Gewissen des Küstenvolkes aufgerüttelt wurde.

Die „Johanne", eine neuerbaute Dreimastbark, hatte mit 216 Passagieren, meist süddeutschen Auswanderern, ihre erste Reise von Bremerhaven nach Amerika angetreten, geriet aber vor Spiekeroog in einen starken Sturm, wobei das Schiff leckgeschlagen wurde. Der Kapitän setzte es auf eine Sandbank, um die Passagiere zu retten. Die Tide war aber ungünstig, denn drei Stunden lief noch Flut, und erst nach weiteren drei Stunden konnte man daran denken, das Schiff zu verlassen. Die Brecher warfen das Schiff hin und her, und es legte sich schließlich auf die Seite, so daß die Masten brachen und über Bord gingen. Viele Passagiere wurden dabei erschlagen oder mit in die tosenden Wellen gerissen. Unterdessen standen die Insulaner, die das Hilfegeschrei der Schiffbrüchigen bis ins Dorf vernommen hatten, untätig am Strande, denn sie hatten kein Rettungsboot und mußten wie die Schiffbrüchigen auf Niedrigwasser warten, um zu dem gestrandeten Schiff gelangen zu können.

„Ein kleines Kind trieb an“, heißt es in einem zeitgenössischen Bericht, „als die offenen Arme der Insulaner es aufnahmen, war es bereits gestorben. Von da an hatten wir jeden Augenblick den traurigen Anblick einer Leiche, und um uns Lebende lag bald eine ganze Reihe von Toten. Erst gegen Abend ließ der Sturm nach. Sobald es bei eintretender Ebbe möglich war, versuchten die Insulaner an das Schiff heranzukommen, doch mußten sie mehrere Male zurück, da die Wellen noch zu hoch gingen. Als das Wasser sich soweit verlaufen hatte, daß an Rettung gedacht werden konnte, wurden die Schiffbrüchigen vom Schiff herabgeholt. Lebende und Tote brachte man dann ins Dorf. Zum Teil wurden sie auf Karren hergeführt, besonders Kinder und Schwache, teils gingen sie zu Fuß. Fast alle waren vor Angst und Kälte erstarrt. So viele Unglückliche hatte Spiekeroog wohl noch nie beherbergt. 216 Passagiere hatten sich auf dem Schiff befunden, davon waren 80 umgekommen, von denen 40 nach und nach antrieben.“ (Nach Dr. Lang)

Ein Kreuz und ein alter Schiffsanker mit Kette auf dem „Drinkeldoden-Karkhoff“ von Spiekeroog erinnern an diese furchtbarste Schiffskatastrophe vor der ostfriesischen Küste.

Weniger opferreich, aber nicht weniger erschütternd war der Untergang der Brigg „Alliance“, die mit Kohlen von Cardiff nach Geestemünde unterwegs war und im Sturm bei Borkum strandete. Am Morgen des 1. September 1860 hörten die Borkumer vom Weststrande her ein jämmerliches Hilfegeschrei. Sie sichteten in der Brandung ein Wrack, das von jedem Wellenschlag mehr und mehr zertrümmert wurde. Die Insulaner sammelten eifrig das herantreibende Strandgut, aber um die Schiffbrüchigen konnten und wollten sie sich nicht kümmern. Als ein Badegast, durch die verzweifelten Schreie vom Wrack her völlig verstört, einen Insulaner fragte, ob man sich denn nicht um die Rettung der Seeleute bemühen wolle, es handle sich doch um das Leben von Menschen, da bekam er die Antwort: „Ja, wat is een Minschenleben!“ Und gelassen nahm der Strandjer seine Holzlast auf und ging davon. Mit den letzten Wracktrümmern trieben schließlich neun gräßlich zugerichtete Leichen an, zwei andere wurden erst später am Strand gefunden.

Hundert Jahre Seenot-Rettungsdienst

Die Berichte über die Strandung der „Alliance“ in den deutschen Zeitungen, die sich auf den Badegast als Augenzeugen beriefen, erregten großes Aufsehen. Zu Unrecht wurde darin den Borkumern vorgeworfen, nur an das Strandgut und nicht an die Schiffbrüchigen gedacht zu haben. Sie hatten kein Rettungsboot, das sich in die Brandung hätte wagen können, zudem war die „Alliance“ nach jahrelangen Küstenfahrten in Westindien vom Schiffsbohrwurm so arg zerfressen, daß sie nach der Strandung gleich auseinanderbrach.
Es mußte wohl, wie gesagt, erst zu den erschütternden Katastrophen der „Johanne“ und der „Alliance“ und einer Reihe anderer Schiffe kommen, bis der Gedanke an ein Seerettungswerk überhaupt aufkam. In Vegesack an der Weser wirkte Adolph Bermpohl als Lehrer der Seefahrtschule. Er war siebenundzwanzig Jahre alt und doch schon als Steuermann auf Tiefwasserseglern über die Ozeane gefahren. In der Wochenzeitung von Vegesack ließ er eine Reihe von anklagenden Artikeln erscheinen, die von anderen Zeitungen nachgedruckt wurden, und schließlich verfaßte er zusammen mit dem Advokaten C. Kulmay einen „Aufruf zu Beiträgen für die Errichtung von Rettungsstationen auf den deutschen Inseln der Nordsee.“
Der Aufruf wurde gehört, und schon im März 1861 gründete der Oberzollinspektor Georg Breusing in Emden den „Verein zur Rettung Schiffbrüchiger in Ostfriesland“. Weitere Gründungen folgten, besonders in den großen Seestädten, und fünf Jahre später, am 29. Mai 1865, gelang es dem unermüdlichen Redakteur des Bremer Handelsblattes, Arwed Emminghaus, die Verbände in der „Deutschen Gesellschaft

zur Rettung Schiffbrüchiger" (Hauptsitz Bremen) zu vereinigen. Ihm gelang es auch, Hermann Henrich Meier, den Gründer des Norddeutschen Lloyds, für das Amt des Vorsitzenden zu gewinnen, das dieser drei Jahrzehnte innehatte.

Der Aufruf, das Rettungswerk zu beginnen, fand nun überall tätigen Beifall. Auf allen Inseln und an vielen Küstenpunkten wurden Rettungsstationen mit Booten errichtet, und zu den Besatzungen drängten sich die tüchtigsten und wagemutigsten Seeleute. Die Boote standen in Schuppen, meist hoch auf den Dünen, und wenn ein Schiff in Seenot war, wurde das Boot auf einem Wagen von sechs Pferden zum Strand gezogen und auf einer kippbaren Gleitbahn zu Wasser gelassen. Dann sprang die Besatzung – ein Vormann und zehn Ruderer –, zu deren Ausrüstung Langstiefel, Schwimmwesten, Ölzeug und Südwester gehörten, ins Boot und arbeitete sich durch die tosende Brandung. Luftkästen und Korkgürtel machten das Rettungsboot nahezu unsinkbar, aber die Gefahr, daß das Boot kenterte oder zerschmettert wurde, war groß genug. Trotzdem hat es an Freiwilligen nie gefehlt.

Eins der ersten Rettungsboote wurde 1862 auf Spiekeroog stationiert, wo die „Johanne" untergegangen war. Die harten Bootsleute haben hier in den folgenden achtzig Jahren bis zur Aufhebung der Station 180 Menschen von 25 Schiffen gerettet, darunter allein 23 Mann des im Kriegsjahre 1916 gestrandeten Vorpostenbootes „Moltke". Um 1900 gab es an der Nord- und Ostseeküste etwa 100 Rettungsstationen mit 1000 Freiwilligen. Ab 1911 wurden Motorrettungsboote gebaut, das erste mit 28 PS. Die neuesten Seenotkreuzer sind mit Motoren von 2400 PS ausgestattet und laufen 25 Knoten in der Stunde. Da sie wegen ihrer Schnelligkeit einen weiten Aktionsradius haben, konnten alle Ruderrettungsboote abgeschafft werden.

Ohne die Hilfe eines Motorrettungsbootes wäre die Rettung der Besatzung des britischen Frachters „Teeswood" im November 1951 unmöglich gewesen. Das Schiff strandete im schweren Nordweststurm in der Außenems. Das Motorrettungsboot „Borkum" lief aus, und seine nur dreiköpfige Besatzung – der Vormann Wilhelm Eilers (39 Jahre), der Motormann Folker B.

Auf dem Spiekerooger „Drinkeldoden-Karkhoff" erinnert ein Kreuz mit einem alten Schiffsanker an den Untergang des Auswandererschiffes „Johanne" am 10. November 1854.

Oben: Ein Ruderrettungsboot wird zu Wasser gebracht.
Unten: Seenot-Rettungskreuzer „Arwed Emminghaus“ mit Tochterboot.

Meeuw (59 Jahre) und der Rettungsmann Christoffer Müller (29 Jahre) – machten sich an die fast unmöglich erscheinende Rettung. Die „Teeswood“ lag mit dem Heck gegen Wind und See, so bot sie keine Leeseite, in deren Schutz das Rettungsboot hätte an das Schiff herankommen können. Wie die Rettung nun trotzdem verlief, darüber berichtete Samuel John Crawford, der Kapitän der „Teeswood“:

„Es gab nur eine einzige Chance, unser Schiff zu verlassen: wir mußten auf das Rettungsboot hinüberspringen. Ich kann die Lage einfach nicht beschreiben. Das Boot wurde in der schlimmsten Weise auf- und niedergeworfen. Es kam sofort heran, sich selbst dabei furchtbar gefährdend, aber keiner sprang. Es kam wieder, und es kam zum dritten Male. Aber jeder fürchtete sich, diese letzte ungewisse Möglichkeit wahrzunehmen, und es war darum meine Aufgabe, zu zeigen, daß es doch gewagt werden könne. Deshalb verließ ich, der Kapitän, mit voller Absicht das Schiff als erster, um meine Männer zu führen und sie, wenn möglich, in Sicherheit zu bringen. Als das Rettungsboot zum vierten Male unter unserem Bug fuhr, sprang ich hinunter und kam glücklich an Deck. Danach fuhr das Boot Kreise, und jedesmal sprangen ein oder zwei Mann. Dabei wurde es fast immer gegen das Wrack geschleudert... Die dreizehn Überlebenden danken ihre Rettung dem Mut des Vormanns, der sein Leben und das seiner Besatzung aufs Spiel setzte, sooft er an die ‚Teeswood‘ heranfuhr.“

Diese Rettungstat zeigt beispielhaft, welche Entwicklung das Seerettungswesen seit dem Untergang der „Alliance“ genommen hat, die nicht weit von der Stelle, wo die „Teeswood“ gestrandet ist, untergegangen war. Wie gefahrvoll aber das Rettungswerk noch heute ist, das beweist eine Katastrophe, die sich im November 1940 bei Borkum ereignete. Das Motorrettungsboot „Hindenburg“, das in drei Jahren bei elf Einsätzen bereits 120 Menschen gerettet hatte, kam gerade von einer Fahrt zurück, als am Borkumriff ein Schiff in Seenot geraten war. Die „Hindenburg“ lief wieder aus und erreichte den Havaristen, als der sich gerade wieder flottgemacht hatte. Das Rettungsboot kehrte um – kam aber niemals im Heimathafen an. Nach einer Woche trieb die Leiche eines der Bootsmänner an, sonst nichts, nicht einmal ein Trümmerstück.

Eine ähnlich rätselvolle Katastrophe trug sich bei einem Orkan im Februar 1967 zu. Der Rettungskreuzer „Adolph Bermpohl" war einem holländischen Fischkutter zu Hilfe geeilt, und das Tochterboot „Vegesack", das huckepack mitgeführt und beim Rettungseinsatz zu Wasser gebracht worden war, übernahm die dreiköpfige Besatzung. Gerade als das Tochterboot wieder an Bord genommen werden sollte, riß die Funkverbindung ab. Nach Stunden der Ungewißheit wurden mehr als zwanzig Suchflugzeuge eingesetzt, und schließlich wurde auch der treibende Rettungskreuzer gesichtet, nur wenig beschädigt, aber ohne Besatzung. Bald wurde auch das Tochterboot gefunden. ebenfalls ohne Mannschaft. Die vier Männer des Rettungskreuzers hatten mit der Kutterbesatzung den Tod gefunden. Vermutlich haben gewaltige Sturzseen die Männer von Bord gerissen, die Boote aber erwiesen sich als unsinkbar.

Im Jahre 1965, in dem die „Adolph Bermpohl" vom Stapel lief, feierte die Deutsche Gesellschaft zur Rettung Schiffbrüchiger ihr hundertjähriges Bestehen. In diesem Jahrhundert wagten die Besatzungen der Rettungsboote mehr als tausendmal ihr Leben, wobei sie mehr als 15 000 Menschen retteten. Die Station Borkum allein hatte über hundert Einsätze mit fast tausend Geretteten, darunter 112 Passagiere des im März 1948 gestrandeten Fahrgastschiffes „Kaiser Wilhelm II.".

Die Gesellschaft besitzt heute (1976) die Seenotkreuzer „Georg Breusing" (Borkum), „H. H. Meier" (Bremerhaven), „Arwed Emminghaus" (Cuxhaven), „Ruhrstahl" (Amrum), „Adolph Bermpohl" (Helgoland), „Theodor Heuss" (Laboe), „Hamburg" (Grömitz) und „John T. Essberger" (Fehmarn), alle mit Tochterbooten ausgerüstet. Von ihren acht Seenot-Rettungsbooten sind sechs an der Nordseeküste stationiert (Norderney, Langeoog, Wilhelmshaven, Büsum, Nordstrand und List), dazu kommen fünfzehn Strand-Rettungsboote, wovon acht an der Nordseeküste und sieben an der Ostseeküste liegen. Alle Rettungsboote tragen das rote Hanseatenkreuz der Gesellschaft, die ihr großes Werk aus freiwilligen Spenden finanziert.

Sturmwarnungssignale:

Tagsignale

Nachtsignal (gestrichelt = rot)

- Sturmwarnung (Windstärke 6—7)
- Wind dreht rechts
- Wind dreht links
- Sturm aus NW
- Sturm aus NO
- Sturm aus SW
- Sturm aus SO
- Ohne Richtungsangabe

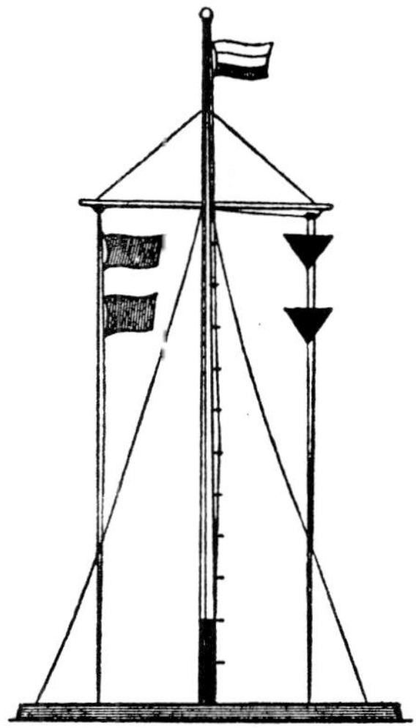

Sturmwarn-Signalmast

Sturmwarnung

81 113

West 10 mit Orkanböen,
später etwas rechtdrehend.

Signal: Nordweststurm

Seewetteramt

Borkum Tag 23. Februar 1967 Zeit 11,38 11,50

Windrichtung West Stärke 10, böig Pegel: HW 8.07 NW 5.75

Hd.

4199.06 (0401) Sturmwarnung — A5 h — mit 70 — 6. 64 — 1000

Windstärke und Seegang

Nach den Bestimmungen der Internationalen Kommission in Berlin 1939

Windstärke	Geschwindigkeit (km/Std.)	Seegang Stufe	Stichwort/Beschreibung	Wellenhöhe (m)
0	0— 1	0	spiegelglatt spiegelglatte See	0
1	2— 6	1	gekräuselt, ruhig Kleine, schuppenförmige Kräuselwellen; ohne Schaumkronen	0 — 1/4
2	7— 12		Kleine Wellen, kurz, aber ausgeprägt; Kämme glasig, brechen sich nicht	
3	13— 18	2	schwach bewegt Kämme beginnen sich zu brechen; Schaum überwiegend glasig; ganz vereinzelt kleine weiße Schaumkronen möglich	1/4— 1
4	19— 26	3	leicht bewegt Wellen noch klein, aber länger; weiße Schaumköpfe schon ziemlich verbreitet	3/4— 2
5	27— 35	4	mäßig bewegt Mäßige Wellen, von ausgeprägter langer Form; überall entstehen weiße Schaumkämme	2— 4
6	36— 44	5	grob Bildung großer Wellen beginnt; brechende Kämme hinterlassen überall große, weiße Schaumflächen, manchmal spritzt etwas Gischt ab	3— 6
7	45— 54	6	sehr grob Die See türmt sich; der beim Brechen entstehende weiße Schaum beginnt sich in Streifen in die Windrichtung zu legen	5— 7
8	55— 65		Mäßig hohe Wellenberge mit Kämmen beträchtlicher Länge; von ihren Kanten beginnt Gischt abzuwehen; gut ausgeprägte Schaumstreifen in der Windrichtung	

Windstärke	Geschwindigkeit (km/Std.)	Seegang Stufe	Stichwort/Beschreibung	Wellenhöhe (m)
9	66— 77	7	hoch Hohe Wellenberge; dichte Schaumstreifen in der Windrichtung; das bekannte Rollen der See beginnt; die Gischt kann die Sicht beeinträchtigen	7—10
10	78— 90	8	sehr hoch Sehr hohe Wellenberge mit langen, überbrechenden Kämmen. Die Schaumstreifen längs der Windrichtung breiten sich so aus, daß das Meer im ganzen weiß aussieht; das Rollen der See wird schwer und stoßartig; Gischt beeinträchtigt die Sicht	9—12
11	91—104		Außergewöhnlich hohe Wellenberge; mittlere Schiffe verlieren einander hinter den Wellenbergen zeitweise aus Sicht; die langen, weißen Schaumstreifen bedecken die See völlig; die Kanten der Wellenkämme werden überall zu Gischt zerblasen; die Sicht ist herabgesetzt	
12	über 104	9	schwere See Luft mit Schaum und Gischt angefüllt, See völlig weiß davon, Sicht sehr stark herabgesetzt, jede Fernsicht hört auf	über 12

Vögel über Watt und Strand

Es gehört zu der wilden Harmonie dieser Landschaft aus grünem Küstensaum, meerumbrandeten Inseln und dem seltsamen Zwischenreich des Watts, daß hier eine ganz eigenartige Vogelwelt ihren Lebensraum findet. Es sind meist Möwen, die mit ihren kraftvollen weiten Schwingen selbst einen Sturm bestehen können. Wo wir auch stehen, hören wir ihre harten, mißtönenden und doch nicht abstoßenden Schreie, und ihr ganzes Wesen verrät uns, daß sie ein wildes Leben führen, das Leben von Vaganten und Räubern.

Merkwürdigerweise begegnen wir ihnen schon weit von der Küste entfernt im Binnenlande, aber doch immer in der Nähe des Meeres oder großer Seen und Ströme. Sie hocken in allen Häfen auf den Dückdalben, an denen die Schiffe festgemacht werden. Sie umflattern mit heiseren Rufen die ausfahrenden Schiffe, oder sie rasten in langen Reihen auf den Firsten der Häuser, die am Wasser stehen. Oft finden wir sie auch in Schwärmen und Trupps auf den Weiden und Wiesen hinter den Deichen. Das ist zur Zeit der Flut, aber sobald die Ebbe beginnt, fliegen sie aufs Watt hinaus, um auf den Sandbänken und Schlickflächen nach Würmern und Muscheln, Schnecken und Seesternen, Seeigeln und Krabben zu suchen. Schauen wir dann mit dem Fernglas ins weite, graue Watt hinaus, dann zeigen sich Tausende von weißen Punkten, die uns einen schwachen Begriff von der Zahl der Vögel geben, die an unseren Küsten leben.

An Zahl und Größe werden fast alle Seevögel von den Silbermöwen übertroffen, den schneeweißen Vögeln mit den silbergrauen Flügeldecken, die fast ohne Scheu den Schiffen folgen und oft am Strande zwischen den Strandkörben nach Futter suchen. Deshalb können wir ganz aus der Nähe das harte, bernsteingelbe Auge und den blutroten, tropfenförmigen Flecken am gelben Hakenschnabel erkennen. Das gibt der Silbermöwe das Aussehen eines gefährlichen Strandräubers, und das ist sie auch, besonders wenn sie zur Brutzeit die Eier und sogar die Jungen anderer Seevögel verschlingt und nicht einmal die eigene Art schont, sobald tagelanger Sturm das Watt, den reichen Futterplatz, unter Wasser hält und die große Schar der Seevögel Hunger leiden läßt.

Die Silbermöwe bevölkert auch zu Hunderten und Tausenden die Schuttplätze und Abfallgruben der Dörfer und Städte, weshalb sie ähnlich den Geiern der Tropen als Gesundheitspolizei gelten kann. Aber ihre Zahl wurde zu groß, so daß das Gleichgewicht in der Natur gestört schien. Seit Jahrzehnten ist das Möwen-Problem erkannt, und hier sei kurz berichtet, was der Mensch getan hat und noch tut, um damit fertig zu werden.

Die ersten Möwenkolonien, in denen sie ungestört brüten sollten, wurden 1875 vom Staat eingerichtet. Zur damaligen Zeit und noch Jahrzehnte später war es durchaus üblich, daß schießwütige Kurgäste in Booten hinausfuhren, um die Seevögel wahllos abzuknallen, obschon sie ungenießbar sind. Die Möwenkolonien wurden aber weniger zum Schutze der Silbermöwen angelegt, sondern eigentlich nur, um durch den dabei abfallenden Vogeldung die Begrünung der Dünen zu fördern. So gab es auf dem Ostland von Borkum und auf Langeoog zwei Schutzgebiete, die mit der Zeit von je etwa 10 000 Brutpaaren besiedelt wurden. Die Brutgebiete wurden verpachtet, für die Pächter ein gutes Geschäft, da sie bis zu einer bestimmten Zeit Eier sammeln und verkaufen durften. Auf Borkum ging die Möwenkolonie um die Jahrhundertwende ein, nachdem sie zeitweise auf 20 000 Brutpaare gestiegen war. (Nach Leege) Das Brutgebiet verödete, weil der Eierraub über die zugebilligte Zeit ausgedehnt wurde, so daß die Vögel nicht mehr nachlegten, ferner wurden die Tiere durch blindwütigen Abschuß verscheucht, und schließlich mag auch die mit dem steigenden Kurbetrieb und mit der Anlage von Batterien verbundene Unruhe ihr Teil dazu beigetragen haben.

Auf Langeoog besteht die Möwenkolonie heute noch und wird alljährlich vom 1. Mai bis zum 15. August von einem staatlich angestellten Vogelwärter betreut. Sie hat eine Fläche von 240 ha und nimmt bis zu 10 000 Brutpaare auf. Weitere Freistätten für die Silbermöwe befinden sich auf dem Memmert und auf Mellum. Otto Leege fand 1906 auf dem Memmert 80 Silbermöwen, deren Zahl in vier Jahrzehnten auf 8000 Brutpaare stieg. Auch auf der jungen Insel Mellum wuchs die Zahl der brütenden Silbermöwen sehr schnell von zwölf Paaren im Jahre 1913 auf etwa 2000 in den ersten Nachkriegsjahren und stieg in den nächsten Jahren weiter an.

Im ganzen – so hat der Mellumrat, eine Arbeitsgemeinschaft für den Schutz und die Erforschung der Vogelwelt, festgestellt – kann die südliche Nordseeküste etwa 30 000 Silbermöwen als Wohngebiet dienen. Sie nehmen aber immer mehr überhand, wovon noch im Herbst 1966 eine Zeitungsmeldung Kunde gab, die berichtete, daß Bremerhaven eine Invasion von etwa 20 000 Silbermöwen erlebte, die den Fischern und Händlern täglich 1500 kg Fische raubten, was einen jährlichen Verlust von acht bis zehn Millionen Mark bedeute. Dazu seien die Vögel so angriffslustig, daß die Kaminkehrer nur noch zu zweien auf die Dächer zu steigen wagten, da einer die Möwen abwehren müsse.

Zu solchen und ähnlichen alarmierenden Meldungen kommt noch die allgemeine Beobachtung, daß die Silbermöwen alle schwächeren Arten verdrängen und daß ihre Zahl auch aus diesem Grunde in Grenzen gehalten werden müsse. In Holland hat man dies mit Erfolg durch Auslegen von Giftködern versucht, aber an unseren Küsten verfährt man humaner. Ein Teil der Gelege wird abgesammelt, wie auf Langeoog, wo man während der ersten Brutzeit Möweneier kaufen kann. Die Möwen legen anfangs nach, geben dies aber gegen Ende der Brutzeit auf. Man hat auch versucht, jeweils einige Eier der Gelege anzustechen, um sie unfruchtbar zu machen, aber die Möwen bemerken den winzigsten Tropfen Eiweiß und legen flugs nach. Das beste, aber auch mühsamste Mittel besteht darin, die Eier zu schütteln, worauf die Vogeleltern sich vergebens bemühen, sie auszubrüten. Wie es aber auch sei, man wird Sorge tragen müssen, daß das Gleichgewicht in der Natur nicht durch eine Überzahl von Silbermöwen gestört wird.

Es ist jedoch nicht zu befürchten, daß der stattliche Vogel an unseren Küsten selten werden könnte, das zeigt schon die

In der Silbermöwenkolonie auf Langeoog brüten alljährlich etwa zehntausend Silbermöwen

Oben: Brandenten auf einer Sandbank im Jadebusen.

Unten: Die Zwergseeschwalbe brütet in einer Vertiefung am Muschelstrand.

große Zahl von Jungmöwen, die im Herbst in Scharen die Häfen, das Watt und den Strand bevölkern. Sie sind an dem graubraunen Gefieder zu erkennen, das manchen dazu verleitet, sie fälschlich für altersgraue Tiere zu halten.

Vielerlei Vogelarten

In den Häfen ist häufig die etwas kleinere S t u r m m ö w e zu finden, die einen gelben Schnabel und graugrüne Füße hat, sonst aber der Silbermöwe ähnelt. Ihre Brutgebiete liegen auf den Nordfriesischen Inseln und an der Ostsee, seit 1907 brütet sie aber auch auf dem Memmert und auf Langeoog, obschon sie von der Silbermöwe kurzgehalten wird. Auf Borkum brüten etwa 50 Paare an den Oldemannsdünen. (Nach Peitzmeier) In den letzten Jahrzehnten ist auch die H e r i n g s m ö w e, die schiefergraue Flügeldecken hat und so groß wie die Sturmmöwe ist, nach dem Memmert eingewandert, wo sie aber kaum auf mehr als zwanzig Brutpaare kommt. (Nach Leege) Die größte Möwe unserer Küsten ist die M a n t e l m ö w e, nach ihren schwarzen Flügeldecken benannt. Sie brütet im Norden und zeigt sich nur vereinzelt weit draußen auf den Bänken und Platen.

Die L a c h m ö w e mit der schwarzbraunen Kopfmaske, die an den großen Flüssen und Binnenseen recht häufig ist, hat sich in den letzten Jahren an der Küste stark vermehrt. Zwar brütete auf dem Memmert erst 1951 das erste Paar, aber auf Borkum haben sich inzwischen etwa siebzig Paare zwischen Reedestraße und Watt angesiedelt. Im Hafenbecken von Langeoog tummeln sich zur Ebbezeit schon Hunderte von Lachmöwen, und in den Naturschutzgebieten von Wangerooge zählte man 1975 über 1000 Brutpaare. Da die Lachmöwe wie die Silbermöwe ein Nesträuber ist, wenn auch nicht ganz so arg, und da sie auch durch ihr lautes Wesen die empfindlichen Nachbarvögel verscheucht – kein anderer Seevogel krächzt und schreit so laut und mißtönend wie sie –, wird man sie über kurz oder lang ebenfalls kurzhalten müssen. Es besteht aber keine Sorge, daß ihre Zahl merklich abnehmen könnte. Sie wird weiter in den Wintermonaten, nachdem in der Mauser von ihrem Kopfputz nur ein dunkler Ohrenfleck geblieben ist, in Scharen in den Häfen und an den Brücken zu sehen sein.

Ein ganz anderes Flugbild als die Möwen bieten die Seeschwalben. Sie fliegen schnell und unruhig und sind vor allem an ihrem Gabelschwanz zu erkennen. Fast zu jeder Zeit können wir sie über den anrollenden Wellen am Strande oder im Watt über einem Priel rütteln und plötzlich nach Beute niederstoßen sehen. In der Brutzeit fliegen sie dann mit dem erbeuteten Fisch im Schnabel zum Nest. Die größte ihrer Art ist die Brandseeschwalbe, die leider gegen Störungen sehr empfindlich ist und ihr Brutgebiet oft von einem Jahr zum anderen wechselt. Das erfuhr der Memmertvater Otto Leege im Jahre 1923, als zweitausend Gelege der Brandseeschwalbe durch Sturmfluten und auch durch die räuberischen Möwen völlig vernichtet wurden, worauf die empfindlichen Vögel die Insel verließen. Auch auf Lütje Hörn, dem unbewohnten Eiland südlich Borkums, wo die Brandseeschwalbe sich 1935 ansiedelte, verschwand sie wieder, diesmal durch den rücksichtslosen Eierraub von Menschen und Möwen veranlaßt. Auf Mellum wurde eine große Brandseeschwalbenkolonie von mehr als tausend Paaren von den Silbermöwen verdrängt. Das Vogelschutzgebiet Ost-Außengroden auf Wangerooge zählte bei Kriegsende fast 300 Paare, die 1945 verschwanden, aber 1950 wiederkehrten. (Nach Maaß) Von Beständigkeit scheint nur die große, etwa 3000 Brutpaare zählende Kolonie auf der Vogelinsel Norderoog zu sein.

Die drei anderen Arten – Flußseeschwalbe, Küstenseeschwalbe und Zwergseeschwalbe – halten meist an dem einmal erwählten Brutplatz fest, nur vertragen auch sie nicht die gefährliche Nachbarschaft der Silbermöwe. Die Flußseeschwalbe, zu erkennen an dem roten Schnabel mit schwarzer Spitze, ist auf allen Inseln sehr zahlreich. Sie nistet meist in Gemeinschaft mit der Küstenseeschwalbe (mit rotem Schnabel) auf dem Heller oder Außengroden. Auf Wangerooge brüten bis zu 400 Seeschwalben, wobei die Flußseeschwalben weitaus in der Überzahl sind. Die Zwergsee-

Oben: Die Austernfischer bleiben nach der Brutzeit gern in Trupps zusammen.

Unten: Der Kiebitz findet auf den Hellerwiesen sein Lebensgebiet.

Brachvögel, Rotschenkel und Strandläufer auf dem Vogelzug.

schwalbe, die so groß wie ein Mauersegler ist und einen weißen Stirnfleck trägt, nistet meist auf den Muschelfeldern am Südrand der Inseln oder auf den Ostplaten. Das hat zur Folge, daß die Gelege fast bei jeder höheren Flut überschwemmt und vernichtet werden, worauf die Zwergseeschwalben zwar ein zweites Gelege auszubrüten versuchen, aber in manchen sturmreichen Jahren findet sich bei ihnen kaum Nachwuchs.

Auf allen Inseln und hier und da auch an der Küste zeigt sich ein auffallend großer und prächtiger Vogel, die Brandente, die einen fuchsroten Bruststreifen auf dem weißen Gefieder und schwarze Flügel besitzt. Sie ist ein Höhlenbrüter, und da sie nach dem Kriege in den gesprengten Bunkern gute Nistplätze fand, hat sie sich stark vermehrt. Auf Borkum, Juist und Langeoog zählt man je 150 Paare, auf Wangerooge sogar 200, während auf dem Memmert ihre Zahl von 50 Paaren unter der Möwenherrschaft auf drei bis vier zurückging und sich auch auf Mellum aus dem gleichen Grunde nur wenige Paare halten können.

Der Austernfischer, schwarzweiß gefiedert mit roten Stelzbeinen und rotem Schnabel, macht beständig durch seine alles übertönenden Kiwiep-Rufe auf sich aufmerksam. Oft fliegt er in ganzen Familien lautrufend über uns hinweg, um die Futtergründe aufzusuchen, wo er aber keineswegs Austern verspeist, sondern Würmer und anderes Wattgetier. Bei Flut rastet er oft in Scharen auf den Wiesen hinter dem Deich, zählt doch jede Insel etwa hundert Brutpaare, Borkum sogar die doppelte Anzahl.

Weit melodischer klingt der Djü-ü-ü-Ruf des amselgroßen Rotschenkels, der im Fluge seine lackroten Stelzbeine nach hinten streckt. Auf den Wiesen und Weiden des Hellers oder Grodens finden wir auch den vom Festland her bekannten Kiebitz recht häufig, da er hier ein ausgedehntes Lebensgebiet findet. Hundert bis zweihundert Kiebitze sind auf den Inseln der Durchschnitt, und auch im Küstenland ist er recht häufig. Keine Wiese, auf der wir ihn nicht auf seinen Stelzbeinen stehen und wachsam umheräugen sehen. Oft können wir auch seinen Zickzackflug bewundern, den er mit ständigen

Kiewitt-Rufen begleitet. Bereits im Spätsommer sammelt er sich in Trupps und Schwärmen, die noch wochenlang die Felder und Wiesen bevölkern, bis sie Ende September auf die große Reise gehen.
Der taubengroße, langbeinige Säbelschnäbler, an seinem schwarzweißen Gefieder und dem aufwärtsgebogenen Schnabel unschwer zu erkennen, war vor wenigen Jahren an unseren Küsten noch recht selten. Heute brütet er zu Hunderten auf dem Heller von Hauener Hooge, von wo vermutlich etwa fünfzig Brutpaare nach Borkum abgewandert sind. Hier brüteten sie 1965 in mehreren kleinen Kolonien am Hopp und auf den Hellern. Der Säbelschnäbler nistet auch in wenigen Paaren auf Norderney und Langeoog und am Entensee bei Wilhelmshaven.
Recht selten kommt uns der Große Brachvogel, langbeinig und mit abwärts gebogenem Schnabel, zu Gesicht. Vielleicht zieht er einmal in einem kleinen Trupp über uns dahin, vielleicht erspähen wir ihn auch auf den weiten Schlickbänken des Watts, besonders bei Juist, wo er am Hammersee brütet. Hin und wieder sind an den Prielen, aber mehr noch an den Flüssen und Teichen, an Abzugsgräben und Tümpeln die stillen, grauen Gestalten der Fischreiher zu sehen, z. B. auf Wangerooge, wo sie an den Gräben des Binnengrodens fischen.

Festlandsvögel auf den Inseln

Mit den Kiebitzen und Reihern haben wir die ersten Vögel entdeckt, die vom Festland herübergekommen sind, der Kiebitz als Brutvogel, der Reiher als Tagesgast, der abends nach seiner Kolonie bei Lütetsburg und bei Burg Fischhausen zurückfliegt. Der Graureiher ist sehr scheu und läßt uns kaum auf hundert Schritte herankommen, aber fast alle anderen Vögel lassen sich aus viel größerer Nähe beobachten, als wir es vom Festland her gewohnt sind. So können wir ohne Mühe feststellen, daß es auf den Inseln einen erstaunlichen Artenreichtum gibt. Man hat hier etwa siebzig Brutvogelarten festgestellt, und es hat sich dabei in den letzten hundert Jahren ein merkwürdiger

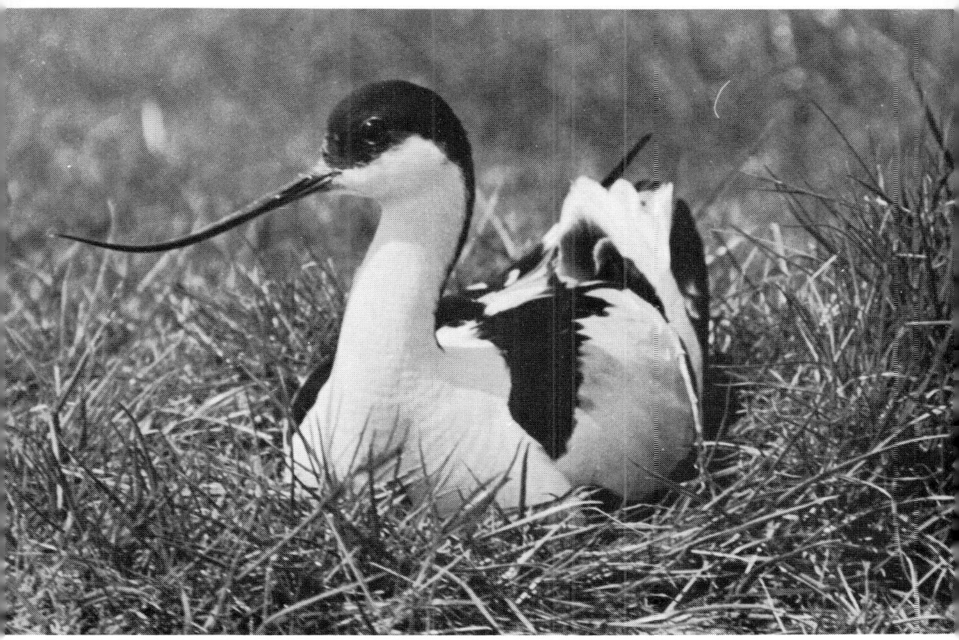

Die schwarzweißen Säbelschnäbler mit dem aufwärts gebogenen Schnabel putzen sich gerne im Flachwasser. Sie brüten meist in kleinen Kolonien.

Oben: Die jungen Silbermöwen tragen ein raubvogelartig gezeichnetes braun-graues Federkleid.

Unten: Die Sumpfohreule, ein Tagvogel, ist nach einigen Mäusejahren auf den Inseln recht häufig geworden.

Wandel vollzogen. Man sollte meinen, daß bei der wachsenden Unruhe durch den steigenden Badebetrieb, die militärischen Anlagen und die kriegsmäßigen Übungen der Bestand an Brutvögeln zurückgegangen sein müßte, aber das Gegenteil ist der Fall, wofür es genaue Unterlagen und Berichte gibt.

Vor etwa hundert Jahren haben zwei bekannte Ornithologen eine Bestandsaufnahme gemacht, und zwar Ferdinand Freiherr von Droste-Hülshoff über die Vogelfauna auf Borkum (1869) und C. F. Wiepken, Direktor des Großherzoglichen Naturhistorischen Museums in Oldenburg, über die Vogelwelt auf Wangerooge (1876). Auf Borkum brüteten damals 37 Arten, während die Zahl bis 1960 auf 75 Brutvögel stieg. (Nach Peitzmeier) Auf Wangerooge brüten heute mehr als 50 Arten (nach Maaß), vor hundert Jahren wurden dagegen nur 17 gezählt. Als Grund für diese erstaunliche Zunahme geben die Vogelkundler an, daß die dichtere Besiedlung, vor allem mit höheren Gebäuden, die Vergrößerung des Baumbestandes und die Anlage von Gärten mit Büschen und Hecken den Vögeln mehr Windschutz und auch neue Brutplätze bieten. Dazu kommt eine starke Vermehrung der Beerensträucher, vor allem des Sanddorns und der Brombeere, ferner die dichtere Bepflanzung der Dünen, weshalb die Vögel ein großes Angebot von Beeren und Körnern finden. So ergab es sich, daß wir auf den Inseln manche Vogelart, wie Feldlerche, Steinschmätzer, Bluthänfling u. a., ganz aus der Nähe beobachten können. Erstaunlich ist auch die große Zahl der Greifvögel, wie Turmfalk, Wiesenweihe und Sumpfohreule, die sich meist erst vor einigen Jahren bei einer Mäuseplage eingefunden haben und als Brutvögel geblieben sind. Verwundert hören wir auch im Frühjahr den Kuckuck rufen, der hier vorwiegend die Bodenbrüter, wie Feldlerche und Wiesenpieper, mit der Aufzucht seiner Nachkommenschaft betraut.

Fast unübersehbare Vogelschwärme zeigen sich an der Küste zur Zeit des frühjahrlichen und herbstlichen Vogelzugs. Im Herbst gehen die Seeschwalben, Kiebitze, Rotschenkel und andere See- und Strandvögel auf die Reise. Von Norden her kommen Strandläufer und Regenpfeifer, die bei uns nur hier und da und in wenigen Paaren brüten, zu Hunderttausenden auf dem Durchzuge vorbei. Dazu gesellen sich die vielen Arten, die nordische Länder bewohnen, Gänse, Enten, Schwäne und unzählige Landvögel, ein unübersehbares Heer von Gefiederten, die bei Tag und Nacht dem Süden zustreben, um dem nordischen Winter zu entfliehen. Im Frühjahr kehren sie auf dem gleichen Wege zurück, und ein neues Vogeljahr beginnt mit Nestbau und Aufzucht der Jungen, setzt sich mit einem kurzen freien Leben im Sommer und im Herbst fort, bis wieder Aufbruch und große Reise folgen.

Die daheimbleibenden Vögel, vor allem die Möwen, bekommen starken Zuzug an Wintergästen aus dem Norden. So zeigen sich Mantelmöwen in größerer Zahl, Gänse und Enten in Schwärmen, und unter den Strandläufern und Regenpfeifern finden sich Arten ein, die nur im hohen Norden heimisch sind. Wenn aber der Winter zu hart wird und Strand und Watt von Eismassen bedeckt sind, dann streichen unsere Wintergäste weiter nach Süden und Westen, die Silbermöwen aber besuchen zu Tausenden die Straßen und Plätze der Dörfer und Städte, sie reisen die Flüsse hinauf und wissen recht gut, wo sie selbst den härtesten Winter überstehen können.

Die Küste – Land hinter dem Deich

Wenn wir irgendwo an der ostfriesischen Küste auf der Deichkrone stehen und das weite grüne Land überschauen, das in einem schmalen Streifen als Heller zwischen Deich und Wattenmeer liegt, nach Süden aber sich bis an den Horizont ausdehnt und mit zahllosen Bauernhöfen und turmüberragten Dörfern besiedelt ist, dann erscheint es uns unfaßbar, daß dies fruchtbare Gebiet, Lebensraum vieler Menschen, noch vor tausend Jahren fast völlig vom Meere überflutet war. Was das Meer anschwemmte, was sich in vielen Jahren mit Pflanzenwuchs bedeckte, das riß oft eine einzige Sturmflut wieder weg. Es war ein Land in ständigem Werden und Vergehen. Und doch, auch dies scheint undenkbar zu sein, siedelten sich hier vor mehr als zweitausend Jahren Menschen an, die sich im ewigen Kampf mit den Elementen behaupteten oder untergingen. Viele Funde zeugen von diesen frühen Siedlern, aber wir haben auch sichere Kunde von ihnen durch die Römer, die auf ihren Eroberungszügen, die nach England führten, die Ems bis zur Mündung befuhren und die Küstenbewohner unterwarfen. Der römische Geschichtsschreiber Plinius (23 bis 79 n. Chr.) hat uns folgenden Bericht hinterlassen:

„Das Meer wird dort zweimal am Tage und in der Nacht in gewaltiger Strömung hin und her getrieben. So kann man wohl daran zweifeln, ob dieses Gebiet Land oder Meer ist. Dort bewohnt ein beklagenswert armes Volk hohe Erdhügel, die man so hoch aufgeworfen hat, wie erfahrungsgemäß die höchste Flut steigt. In den darauf errichteten Hütten gleichen sie Seefahrern, wenn das Meer das Land ringsumher überflutet, und Schiffbrüchigen, wenn das Wasser zurückgeflutet ist. Um die Hütten herum fangen sie die Fische, die mit dem Meer zurückfliehen. Diese Menschen können kein Vieh halten und sich nicht wie ihre Nachbarn von Milch ernähren. Sie können nicht einmal wilde Tiere jagen, da es weder Wälder noch Gebüsche gibt. Aus Schilf und Binsen flechten sie Stricke für ihre Netze. Und mit ihren Händen formen sie den Schlamm und lassen ihn an der Sonne trocknen. Darauf kochen sie ihre Speisen und wärmen daran ihre vom Nordwind erstarrten Glieder. Zum Trinken haben sie nur das Regenwasser, das sie in Gruben am Vorplatz ihrer Häuser aufbewahren. Wenn diese Menschen nun aber vom römischen Volk besiegt werden, dann reden sie von Sklaverei."

Die Wohnhügel, Warfen oder Wurten genannt, wurden oft von Sturmfluten überschwemmt, die die Häuser zerstörten, wie es heute noch auf den Halligen geschieht. Dann wurden die Warfen erhöht, um sie flutsicher zu machen. Die Sturmfluten drangen aber um so tiefer ins Land, je mehr die Küste sich senkte, und das geschah in wenigen Jahrhunderten um mehrere Meter. Die Warfen aber blieben die Burgen der Marschbauern, und sie bauten sie höher und höher, so daß diese Wohnhügel, die heute noch, bewohnt oder unbewohnt, zu Hunderten in der Marsch verstreut liegen, oft vier oder fünf Schichten aufweisen, die hintereinander einmal ein Wohnhaus getragen haben.

Die fortschreitende Landsenkung und die in ihrem Gefolge immer höher steigenden Sturmfluten zwangen die Marschbewohner schließlich vom Einzelkampf zur gemeinsamen Abwehr. Sie begannen in einem beispiellosen Gemeinschaftswerk mit dem Bau von Deichen, die das ganze Land schützen sollten, damit sie weniger bedroht ihr Vieh halten und ihre Äcker bebauen konnten. Das muß um das Jahr 1000 gewesen sein, allerdings weiß man nur sicher, daß um 1150 die Abgesandten der Friesen am Upstalsboom bei Aurich, ihrer Thingstätte, zusammenkamen, um ein Deichgesetz zu beschließen. Die Marschbauern schlossen sich zu Deichachten zusammen, die einem Deichrichter unterstanden, dessen Anordnungen zum Bau und zur Unterhaltung der Deiche alle Mitglieder zu befolgen hatten. Damals entstand das harte, aber notwendige Wort: We nich will dieken, mutt wieken! Deich- und Sielachten bestehen heute noch in ähnlicher Form.

Es ist unvorstellbar, welch großes Maß an härtester Arbeit die Marschbauern durch Jahrhunderte hindurch leisten mußten, um in Karren und Körben die Erde heranzuschaffen, die für

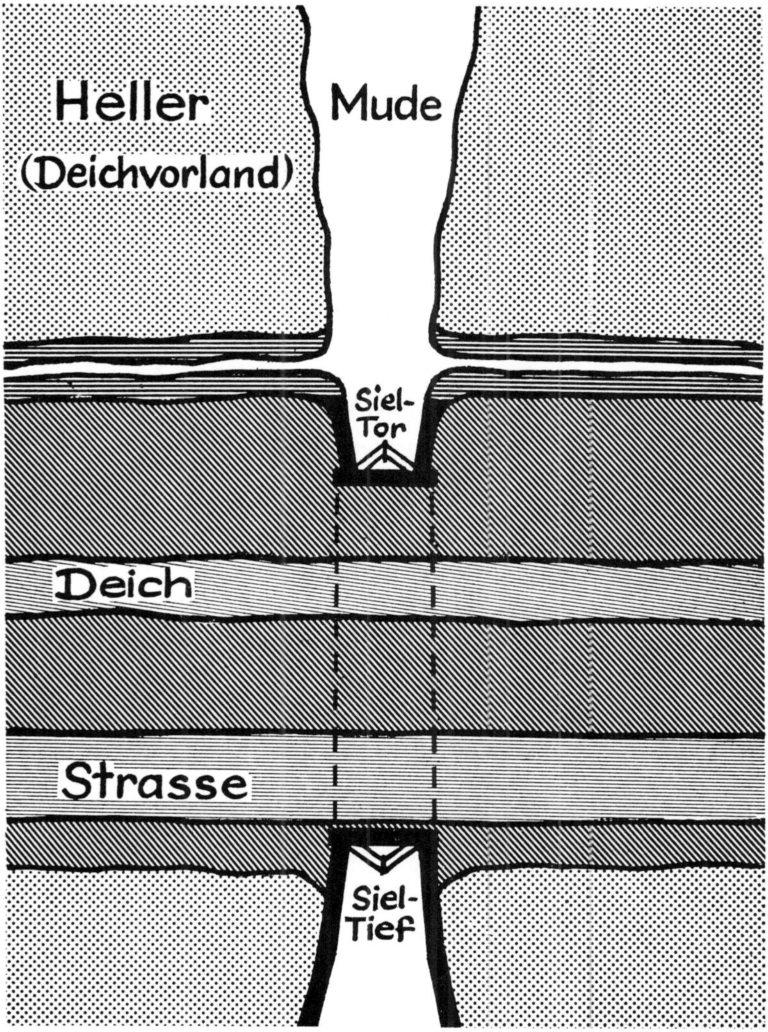

Deich und Siel im Grundriß.

einen Deich nötig war, der schließlich als „Goldener Ring“ die Marsch vor dem Zugriff des Meeres schützte. Oft genug aber zerbrach er bei den furchtbaren Sturmfluten, die in die Geschichte des Landes eingegangen sind, unter dem Anprall der Wogen. Dann setzte die zähe Gemeinschaftsarbeit wieder ein, und so ungeheuer die Mühen und Kosten auch waren, den Damm von neuem zu errichten und ständig auszubessern, die fruchtbare Marsch belohnte die Bauern für alle Opfer.

Das Meer, das immer wieder seine Landgier zeigte, bewies aber auch seine aufbauende Kraft. Es schwemmte Sand und Schlick an und schuf vor den Deichen neues Land, das sich immer stärker begrünte, so daß die Bauern ihr Vieh auf den fruchtbaren Außenweiden, den Hellern oder Groden, weiden lassen konnten. Immer wieder reizte es sie dann, das Neuland einzudeichen und damit in Besitz zu nehmen. Die alten Deiche blieben als „Schlafdeiche" stehen, die bei Deichbrüchen oft ihren Nutzen zeigten, da sie die Fluten schließlich aufhielten. Oft wurden sie aber auch abgetragen, um Material für den neuen Deich zu gewinnen. Im ganzen sind im Laufe von vier Jahrhunderten auf der ostfriesischen Halbinsel Deiche in einer Gesamtlänge von etwa 400 Kilometer gebaut worden. Der Außendeich, der sich von Emden bis Wilhelmshaven am Wattenmeer hinzieht, ist mehr als 100 Kilometer lang. Die Baukosten für 1 Kilometer Deich werden heute auf 1,5 Millionen Mark, die Unterhaltungskosten auf 1000 DM jährlich geschätzt. Wie notwendig aber die Deiche auch heute sind, das geht allein aus der Tatsache hervor, daß ein Zehntel Ostfrieslands unter dem Meeresspiegel liegt und ein Viertel bei Sturmfluten überschwemmt werden kann.

Die Karte von Ostfriesland von Dodo Wildvang und die „Neue Heimatkarte von Ostfriesland" zeigen durch rote Linien den Verlauf alter Deiche an, die heute weit im Binnenlande liegen. Weiter sind die meisten Marschdörfer mit der Jahreszahl ihrer Gründung oder, falls sie bereits als Warfdörfer bestanden, ihrer Eindeichung versehen. Die Karte macht auch deutlich, wo die Nordgrenze des höhergelegenen Geestlandes etwa mit der Linie Emden – Norden – Esens – Wittmund – Jever verläuft, der auch die Eisenbahn folgt. Alles Land vom Geestrand bis zum Wattenstrand ist Marschenland, das der Friese dem Meere in einem zähen Kampf abgerungen hat, wie der alte Spruch verkündet: Deus mare, Friso litora fecit – Gott schuf das Meer, der Friese die Küste.

Klaus Störtebeker und die Likedeeler

Wer das ostfriesische Marschenland, ein Land der Weite und der reizvollen Winkel zugleich, kennenlernen will, der nehme seinen Weg über die Straßen, die gleich hinter dem Deich verlaufen und die Marschdörfer und Küstenhäfen miteinander verbinden. Dieser Reiseweg, der in einem durch die Küste vorgezeichneten Bogen von Leer bis Varel am Jadebusen rund um Ostfriesland und dann weiter durch Butjadingen bis Bremerhaven führt, hat vor nicht langer Zeit den trefflichen Namen Störtebekerstraße bekommen. Sie verdankt ihn, wie jedermann wissen wird, dem Seeräuber Klaus Störtebeker, und es verlohnt sich, in der Landesgeschichte nachzulesen, welche Rolle dieser Pirat in der Vergangenheit Ostfrieslands gespielt hat.

Klaus Störtebeker war einer der Anführer der Vitalienbrüder, die im 14. Jahrhundert zunächst die Ostsee unsicher machten. Sie standen im Dienst der Seestädte Wismar und Rostock, die Kaperkrieg gegen die Königin Margaretha von Dänemark führten, und wie immer bei solchen Gelegenheiten hatte sich viel verwegenes und raublustiges Volk anwerben lassen, das auf schwerbestückten Orlogschiffen dänische Schiffe kapern und das belagerte Stockholm mit Lebensmitteln versorgen sollte.

Vitalienbrüder nannte man im Mittelalter die Freibeuter, die eine belagerte Stadt auf heimlichen Wegen oder in gewaltsamen Aktionen mit Lebensmitteln – Vitalien – versorgten. Als es nun zum Frieden mit Dänemark kam und die Kaperbriefe für nichtig erklärt wurden, ließen die Seeräuber auch ohne Privileg nicht von ihrem schändlichen, aber einträglichen Gewerbe ab. Sie kaperten und raubten nur noch gnadenloser und nannten sich nun Likedeeler, da sie angeblich alle Beute gleichmäßig untereinander verteilten. Aber die verbündeten Hansestädte wehrten sich schließlich mit so großem Erfolg, daß die Likedeeler es vorzogen, in die Nordsee zu entweichen und dort ihre Schandtaten fortzusetzen.

Ostfriesland wurde damals von Häuptlingen – „hovetlingen" – regiert, vergleichbar etwa den Rittern anderer Landschaften. Allerdings hat es in Ostfriesland nie Leibeigene gegeben, es war ein Land der Freien, die alljährlich ihre Ratsmänner wählten. Sie kamen zu Pfingsten am Upstalsboom bei Aurich zusammen, um die Landesgesetze zu beschließen und Anordnungen zu treffen, die dem Allgemeinwohl und dem Besten des Landes dienten. Zu dieser Ständevertretung wählten die Ostfriesen meist Mitglieder begüterter Familien, und mit der Zeit wurden die Ämter erblich. So entwickelten sich aus gewählten Volksvertretern selbstherrliche Häuptlinge, aber merkwürdigerweise herrschten sie auch jetzt noch über Freie, und die Vertreter der Stände des Landes (Adel, Städte, Bauern) machten ihnen oft genug zu schaffen. Das gemeinsame Werk des Deichbaus und der ständige Kampf mit dem Meer waren wohl der tiefere Grund dafür, daß hier nur freie Menschen leben konnten. Nichtsdestoweniger herrschten die Häuptlinge machtvoll in ihrem kleinen Reich, gab es doch an die zwanzig allein in Ostfriesland, die miteinander versippt und meist auch verfehdet waren. Dazu hatten sie sich dauernd gegen die Machtansprüche der Hansestädte Hamburg und Bremen zu wehren. So waren die Vitalienbrüder nach ihrer Flucht aus der Ostsee doppelt willkommen, brachten sie den bedrängten Häuptlingen doch nicht nur Waffenhilfe, sondern auch wahre Schätze an erbeutetem Gut.

Edo Wiemken, der Häuptling von Rüstringen an der Jadebucht, war der erste, der die Seeräuberflotte willkommen hieß. Er brauchte Bundesgenossen in seinen ständigen Fehden mit den Bremern und Oldenburgern. Auch die anderen ostfriesischen Häuptlinge nahmen die Likedeeler bereitwillig auf und boten ihnen Ankerplätze in den Küstenhäfen, Schlupfwinkel in ihren Burgen und Märkte für die Waren, die von gekaperten Hansekoggen stammten. Die wichtigsten Stützpunkte der Seeräuber waren Borkum, Emden und Marienhafe. Lange Jahre blieben die Likedeeler die Herren der Nordsee, und ihr Schlachtruf „Gottes Freund und aller Menschen Feind!" begleitete manchen blutigen Überfall auf hanseatische Koggen,

Klaus Störtebeker nach einem Kupferstich (um 1700) im Störtebeker-Museum zu Marienhafe

Klaus Störtebekers Gefangennahme bei Helgoland nach einem Stich von Gehrts (um 1880).

die nach Flandern oder England fuhren oder reichbeladen von dort zurückkehrten. Die Kauffahrer wagten schließlich nur noch in Konvois die Reise übers Meer, aber es ging so viel Zeit verloren, bis die Schiffe sich versammelt hatten, daß der Handel über Land nach Flandern sich besser lohnte und die Schiffahrt nach England fast zum Erliegen kam. Da gingen die Hansestädte zum offenen Seekrieg gegen die Piraten über.

Das Jahr 1400 brachte für die Seeräuber nach einem Jahrzehnt beutereicher Unternehmungen die Wende. Eine Flotte von elf Orlogschiffen, schwerbestückt und mit fast tausend Mann belegt, lauerte in der Osterems drei Piratenschiffen auf, überwältigte sie und nahm fünfundzwanzig Likedeeler gefangen, die in Emden mit dem Schwert hingerichtet wurden. Zwanzig friesische Häuptlinge mußten einen Vertrag unterzeichnen, der sie verpflichtete, den Seeräubern keinen Unterschlupf mehr zu gewähren. Sie mußten sogar hansische Beobachter auf ihren Burgen dulden. Der Anführer der Likedeeler, Klaus Störtebeker, hatte sich, rechtzeitig gewarnt, längst in Sicherheit gebracht.

Bald lebte die Piraterie wieder auf, aber Hamburg sandte eine starke Flotte von „Friedeschiffen" aus und schlug die Seeräuber in zwei Schlachten bei Helgoland. Dabei wurden 150 Piraten gefangengenommen, unter ihnen die Anführer Klaus Störtebeker, Godeke Michael und der Magister Wygbold. In Hamburg auf dem Grasbrook wurden siebzig und dann noch einmal achtzig Likedeeler enthauptet und ihre Köpfe zur Warnung auf Pfähle gesetzt.

In Ostfriesland brachen aber die Häuptlinge bald wieder den Landfrieden, den sie gelobt hatten. Sie bekämpften einander in blutigen Fehden und nahmen zum Schaden der Hanse immer wieder Seeräuber zu Bundesgenossen. Diese Wirren hielten noch ein halbes Jahrhundert an, dann endlich setzte Hamburg die Cirksena von Greetsiel zu Amtsleuten in Ostfriesland ein. Ulrich Cirksena wurde im Jahre 1464 durch Sendboten des Kaisers Friedrich III. zum Reichsgrafen von Ostfriesland erhoben. Dritter aus dem Hause der Cirksena war Graf Edzard der Große (1491–1528), der die von den Ständen am Upstalsboom beschlossenen Gesetze als allgemeines Landrecht einführte, eine einheitliche Deichordnung erließ und die Reformation begünstigte, die sein Sohn Enno II. mit ziemlicher Gewalt durchsetzte. Die von den Reichsgrafen geschaffene Ordnung ließ nun das Seeräuberwesen nicht mehr zu, im Volke ist aber der Name Klaus Störtebeker lebendig geblieben, und eine alte Volksballade kündet von Taten und Tod des Häuptlings der Likedeeler.

Hamburger Frachtschiff zur Zeit Störtebekers

Die Störtebekerstraße

Es war ein guter Gedanke, die Straßen hinter dem Deich von Leer bis Wilhelmshaven und weiter nach Bremerhaven unter dem Namen Störtebekerstraße zusammenzufassen. Der Vorschlag hierzu wurde vor einigen Jahren von Ober-Reg.-Baurat Westerhoff, Oldenburg, auf einer Tagung von Verkehrsverbänden in Wilhelmshaven gemacht und vom Werbeverlag Welge, Wilhelmshaven, aufgegriffen, der eine ausgezeichnete „Sprechende Küstenkarte" nach dem Entwurf von Marine-Oberbaurat a. D. Alex Zimmermann herausgebracht hat, eine sehr instruktive Bildkarte über den ostfriesischen Raum zwischen Leer und Helgoland, Ems und Jade. Sie zeigt in aller Deutlichkeit die Störtebekerstraße, die sich zwar aus unterschiedlichen Teilstrecken zusammensetzt, aber durchweg gut zu befahren ist. Sie bietet sich nicht nur dem Autofahrer an, sondern auch dem Radfahrer und nicht zuletzt dem Fußwanderer, der häufig die Straße verlassen und über die Deichkrone marschieren kann, von wo er das weite Land nach allen Seiten zu überschauen vermag.

An der Emsmündung

Wir beginnen unsere Wanderfahrt in Leer, dem „Tor Ostfrieslands". Vom Turm des Rathauses können wir Stadt und Hafen weithin überblicken und dabei erkennen, daß Leer an einer Schleife der wasserreichen Leda liegt, unweit von deren Mündung in die Ems. Die Flußschleife ist nach der Ems hin durchstochen worden, und eine Seeschleuse hält hier den großen Hafen tidefrei. Leer hat in seiner mehr als tausendjährigen Geschichte zweimal eine Blütezeit erlebt, einmal um 1550, als die Leineweberei aufblühte, nicht zuletzt durch niederländische und flämische Weber, die ihres Glaubens wegen vor der spanischen Inquisition hierher fliehen mußten. Nach schweren Rückschlägen durch Krieg und Hungersnot brachte die Schiffahrt um 1750 einen neuen Aufstieg. In der Mitte des vorigen Jahrhunderts übertraf Leer mit einer stattlichen Handelsflotte und mehreren

Schiffswerften sogar den durch Seenähe begünstigten Hafen Emden, mußte diesen Vorrang allerdings aufgeben, als die Schiffahrt immer größere Schiffe verlangte, für die das Fahrwasser der Ems nicht mehr tief genug war. Von der großen Zeit zeugen heute noch viele prächtige Bürgerhäuser, alte Packhäuser, Kirchen und andere Bauten, besonders die Alte Waage (erbaut 1714) neben dem Rathaus am Hafenkai. Selbst aus der Häuptlingszeit sind sehenswerte Spuren im älteren Teil der Haneburg (heute Altersheim) und in dem Turm der Harderwykenburg erhalten. In Rathausnähe steht das in niederländischem Barock erbaute „Haus Samson" (1643) mit reicher altfriesischer Innenausstattung.

Vom neuen Rathaus (1894), das in jüngster Zeit in seinem Turm ein klangvolles niederländisches Glockenspiel erhalten hat, führt uns der Weg über die Brücke und die Nessehalbinsel zum Fischereihafen, wo neben anderen Schiffen meist auch einige Heringslogger am Kai lagen, bis die Leerer Heringsfischerei im Juli 1968 mit zehn Loggern nach Emden verlegt und einige Jahre später stillgelegt wurde.

Einige Kilometer flußabwärts ist von 1950 bis 1954 das Ledasperrwerk errichtet worden, ein ebenso imponierendes wie nutzbringendes Werk der Wasserbaukunst. Es soll verhindern, daß bei höheren Fluten das Land zu beiden Seiten der Leda überflutet wird. Früher wurden besonders bei den winterlichen Sturmfluten etwa 700 qkm Wiesen und Ackerland überschwemmt und große Teile davon durch Versalzung und Versumpfung wertlos gemacht. Bei normaler Fluthöhe nimmt das Flußbett mit den Zuflüssen die Wassermassen auf, deshalb bleiben die Tore des Sperrwerks meist offen, sobald aber der Pegel Borkum Hochwasser meldet, das 60 Zentimeter über dem Mittelhochwasser liegt, werden die fünf Sperren geschlossen, was im Laufe eines Jahres etwa hundertmal geschieht.

Die Störtebekerstraße führt von Leer aus dicht am rechten Emsdeich entlang nach Oldersum, das an seinem kleinen, aber stark mit Schiffen und Booten belegten Hafen zwei recht betriebsame Werften aufweist, wo Fischkutter und Frachtschiffe auf Stapel liegen, die beim Stapellauf auf Rollenlagern seitlich

Oben: In der weiten ostfriesischen Marsch.

Unten: Am Hafen von Leer erhebt sich das Rathaus, daneben die Alte Waage (1714).

Altfriesischer Herdwinkel im Hause Samson zu Leer.

Oben: Heringslogger am Kai, wo sie für die Fangreise ausgerüstet werden; im Hintergrund Stapel von Heringsfässern.

Unten: Das Ledasperrwerk wird geschlossen, sobald die Flutwelle das Hinterland zu überschwemmen droht.

In einer Oldersumer Werft: Rechts ein Küstenmotorschiff bei der Überholung, links ein Lotsenversetzboot im Bau.

zu Wasser gebracht werden. Hier ist 1966 auch das Fahrgastschiff „Baltrum II“ gebaut worden. Am Deich liegt ein großes Schöpfwerk. Es pumpt das Wasser des weitverzweigten Fehntjer Tiefs, das hier in die Ems mündet, über den Deich, sobald das Flutwasser bei anhaltendem Nordwestwind sich im Emsstrom so stark staut, daß das Binnenwasser nicht mehr ablaufen kann. Das Schöpfwerk verhindert dadurch die Überschwemmung eines weiten Hinterlandes. Am oberen Teil des Fehntjer Tiefs haben schon 1633 vier Emder Bürger die Moorsiedlung Timmelerfehn – heute Großefehn – zur Torfgewinnung und Kultivierung gegründet und damit die Urbarmachung der ostfriesischen Moore begonnen, die im benachbarten Wiesmoor ihren Höhepunkt erreicht hat.

Über den Deich, der vor dem Oldersumer Hafen liegt, gelangt man zur Schleuse des Dortmund-Ems-Kanals, der von Meppen bis hierher den Emslauf benutzt, nun aber bis Emden als Seitenkanal verläuft und den Schleppzügen und Frachtschiffen ein ruhigeres Fahrwasser bietet als die oft recht bewegte Ems.

Nach Emden zieht sich die Straße nun dicht hinter dem Deich hin, über dessen Krone auch ein Fußweg führt. Hier zeigt sich das Küstenland bereits in seinen charakteristischen Zügen. Weite Flächen von Wiesen und Weiden, die meist unter dem Meeresspiegel liegenden „Hammriche“, wechseln nur hier und da mit fruchtbaren Äckern. Zwischen dem weidenden Vieh entdecken wir nicht selten langsam daherschreitende Störche, und mit lauten Rufen daherziehende Möwen verraten uns die Nähe des Meeres. Vom Deich aus können wir Ausschau auf die weite Emsmündung halten. Bei Niedrigwasser ist der breite, von Schilfwäldern gesäumte Strom von vielen Sand- und Schlickbänken durchzogen, die Tausende von winzigen weißen Flecken zeigen. Es sind Möwen, die hier ihr Futter suchen, meist Silbermöwen, aber auch einige der scheuen schwarzflügeligen Mantelmöwen. Sogar Graureiher kommen von weither, um in den Prielen und Tümpeln zu fischen.

In Petkum bietet sich vom Siel aus ein weiter Blick auf die Anlegestelle der letzten Emsfähre, auf die von Sumpfwiesen und Schilfwäldern gesäumte Mude, die breite Unterems und das Dorf Ditzum drüben mit dem großen Fischerhafen. Nicht weit davon liegt Pogum, „dat Endje van de Welt", wo der Dollart beginnt. Fischkutter gehen mit großen hölzernen Netzrahmen auf Aalfang aus.

Die nahe Hafenstadt Emden verändert das Bild nun völlig. Schon von weitem zeichnen sich ihre Kräne, Docks und Schiffsmasten am Himmel ab, und da die Emsmündung sich auf der gegenüberliegenden holländischen Seite zum Dollart verbreitert, hat es den Anschein, als liege Emden am Meer. Es sind aber noch etwa 25 Kilometer bis zur eigentlichen Mündung. Die alte Hafenstadt hat eine wechselvolle Geschichte, die hier nur in Schlaglichtern aufgezeigt werden kann. Ausgrabungen und Funde haben erwiesen, daß der älteste Teil der Stadt vor tausend Jahren auf einer ausgedehnten Warf erbaut worden ist, auf der heutigen Altstadtwarf, die an dem „Ratsdelft" genannten Binnenhafen liegt. Im Jahre 1253 ging die Stadt durch Kauf von ihrem damaligen Landesherrn, dem Grafen von Ravensberg, an den Bischof von Münster über, der einen Propst für die geistlichen und einen Drosten für die weltlichen Angelegenheiten einsetzte. Beide Ämter wurden um 1400 in der Emdener Häuptlingsfamilie Abdena erblich, und Hisko Abdena vereinigte sie auch in einer Hand. Unter Hisko erlebte Emden seine erste Blütezeit, allerdings auf eine anrüchige, wenn auch damals nicht ungewöhnliche Weise. Er schloß ein Bündnis mit den Likedeelern, die von ihren Raubfahrten Beute aus aller Welt in die Stadt brachten. Mit dem Sieg der Hamburger über Klaus Störtebeker und seine Kumpanei verfiel auch der Wohlstand Emdens, aber er wuchs von neuem, als der Hamburger Senat der Stadt das Stapelrecht verlieh, wonach alle Schiffe ihre Waren hier verzollen und zuerst anbieten mußten, bei der Weiterbeförderung aber ein neuer Zoll zu entrichten war. Um 1450 übertrugen die Hamburger Stadt und Hafen an Ulrich Cirksena, der 1464 durch einen kaiserlichen Gesandten zum Reichsgrafen von Ostfriesland ernannt wurde.

Als der spanische Herzog Alba in den Niederlanden die Protestanten verfolgte, kamen viele Flüchtlinge nach Emden, das

Typische Moorsiedlung am Fehnkanal von Ostgroßefehn.

Das alte Rathaus von Emden mit dem Ratsdelft um 1800.

sich den Reformierten angeschlossen hatte. Es waren meist wohlhabende Kaufleute und Handwerker, die mit zum wirtschaftlichen Aufschwung der Stadt beisteuerten. Emden stand damals mit mehr als fünfhundert Schiffen an der Spitze aller europäischen Häfen. Die Emder Heringsfischerei, nach der Zusammenlegung mit der Leerer Heringsfischerei mit 28 Loggern betrieben, wurde schon vor vierhundert Jahren gegründet. Auf dem Kai der Heringsfischerei lagerten riesige Stapel von leeren Tonnen, Kantjes genannt, die darauf warteten, mit Proviant und Salz gefüllt an Bord geschafft zu werden. Die Heringslogger fuhren von Mai bis Dezember zur Fangreise aus. Der Heringsfang wurde mit Treibnetzen betrieben, das sind Netzwände, die aus mehr als hundert Netzen von 30 m Länge und 15 m Tiefe bestehen. Sie sind oben mit Bojen und unten mit Bleistücken besetzt, so daß sie senkrecht im Wasser schwimmen. Die Fische bleiben mit ihren Kiemendeckeln in den Maschen hängen. An Bord wurden sie „gekehlt" und dann leicht eingesalzen in die Kantjes gepackt. Ein Logger brachte von einer Reise durchschnittlich 1000 Kantjes Heringe heim, in der ganzen Fangzeit mehr als 10 000 Kantjes mit durchschnittlich je 1000 Heringen. Die Kantjes wurden von zwei Faßfabriken in Leer und Emden geliefert.

Vor dreihundert Jahren beteiligte sich die Emder Grönlandkompanie mit großem Erfolg am Walfang. Das Schiff „De Jonas van Embden" war dabei besonders erfolgreich, und „De gulden Leeuw" drang bis zur Davisstraße an der Westküste Grönlands vor, als die anderen Walfänger noch bei Spitzbergen jagten.

Der Reichtum der Stadt stachelte den Machthunger der Grafen von Ostfriesland mächtig an, aber Emden entzog sich dem Zugriff durch ein Bündnis mit den Niederlanden, kam jedoch nicht gut dabei weg, da es meist in die Kriege, die seine Schutzmacht mit Spanien, England und Frankreich führte, verwickelt wurde. Ein schwerer, vernichtender Schlag traf die Handelsstadt, als die Ems infolge der Sturmflut 1509 ihr Bett verlegte, also nicht mehr unmittelbar an der Stadt vorüberfloß, sondern etwa in ihrem heutigen Lauf. Verzweifelt bemühten sich die Emdener, den Fluß durch das Nesserlander Höft, eine fast fünf Kilometer lange Wand aus Eichenstämmen, zurückzuleiten, mußten aber das kostspielige und wenig wirksame Unternehmen mit der Zeit aufgeben. Fortan konnten nur noch kleine und mittelgroße Schiffe auf einem schmalen, mühsam schiffbar gehaltenen Tief von der Ems zum Stadthafen gelangen. Der Hafen verödete, die Stadt verarmte, und die Einwohnerzahl sank, nicht zuletzt auch durch das Wüten der Pest, auf ein Drittel.

Emden war noch ein Hafen von geringer Bedeutung, als der Große Kurfürst 1683 mit kaiserlicher Erlaubnis seine kleine Kriegsflotte und die Brandenburgisch-Afrikanische Handelsgesellschaft in Emden stationierte. Nach dem Aussterben des ostfriesischen Herrscherhauses der Cirksena, das inzwischen in den Fürstenstand erhoben worden war, fiel Emden mit ganz Ostfriesland an Preußen (1744). Friedrich der Große ließ einen neuen Kanal zur Ems anlegen und gründete mehrere Gesellschaften für den Überseehandel. Er privilegierte 1769 auch die neugegründete Heringskompanie mit 54 Schiffen, die seitdem zwei Jahrhunderte lang an der Spitze stand.

Während der durch Napoleon verhängten Kontinentalsperre, die fast alle Küstenhäfen und die Inseln durch den Schmuggel reich werden ließ, verarmte Emden von neuem, da England fast alle Schiffe mit ihren Ladungen von Millionenwert kaperte. Nach der Niederlage Preußens 1806 ließ Napoleon alle Schiffe beschlagnahmen, die den Engländern entronnen waren. Erst um die Mitte des vorigen Jahrhunderts begann der langsame, aber anhaltende Aufstieg Emdens mit dem Bau des Nesserland-Kanals, der Eisenbahnverbindung (1856), der beiden Wasserstraßen Ems-Jade-Kanal (1887) und Dortmund-Ems-Kanal (1898) und dem damit gleichlaufenden Ausbau der Hafenanlagen.

Wieder traf die Stadt ein schwerer Schlag, als sie 1944 durch Bombenangriffe fast völlig zerstört wurde. Glücklicherweise blieben aber die Hafenanlagen und die meisten Industriewerke verschont, so daß der Wiederaufbau in bewundernswert kurzer Zeit durchgeführt werden konnte. Emden zeigt heute mit sei-

Das neue Rathaus wurde nach der fast völligen Zerstörung Emdens (1944) zum Sinnbild des Wiederaufbauwillens.

In der Rüstkammer des Rathauses zu Emden.

nen Klinkerbauten ein neues Gesicht, das aber doch gute Tradition wahrt. Das Rathaus am Ratsdelft, 1576 von dem Antwerpener Baumeister Laurens van Steenwinkel erbaut, 1944 bis auf die Fassadenruine zerstört, ist 1962 nach dem historischen Vorbild wiedererrichtet worden. Sonst ist das alte Emden nur noch in Spuren erhalten, so in einigen alten Häusern an der Pelzerstraße, am Südrand der Altstadtwarf. Eine breite Treppe führt zur Emsmauerstraße hinunter, wo einst die Ems an der Stadtwarf vorüberfloß, ehe sie ihr Bett verlegte. Die imposante Ruine der 1944 zerstörten Großen Kirche mit den Resten des prächtigen Grabmals des Grafen Enno II. aus dem Hause Cirksena, der um 1530 die Reformation durchführte, gibt auch heute noch ein eindrucksvolles Bild dieser einstmals größten Kirche Ostfrieslands. Ein Stück Alt-Emden zeigt sich auch am Roten Siel mit der wiederaufgebauten Neuen Kirche und dem Gödenserhaus, in dem ehemals die Kurbrandenburgische Marine untergebracht war. Wenige Schritte weiter liegt die Kesselschleuse, die in verblüffend einfacher Weise vier Wasserwege miteinander verbindet.

Allen Besuchern Emdens sei empfohlen, das Ostfriesische Landesmuseum im Rathaus zu besuchen, das reiche Sammlungen von der Vorgeschichte bis zur jüngsten Vergangenheit, den Silberschatz, die berühmte Emder Rüstkammer mit alten Waffen, Rüstungen und Beutestücken aus vier Jahrhunderten, Gemälde und Stiche aller Zeiten, Modelle der alten und neuen Stadt und eine große Nachbildung der Emsmündung enthält, die den breiten Strom mit allen Tiefen und Untiefen, mit den Fahrrinnen, mit sämtlichen Seezeichen zu Wasser und zu Lande und mit den weit auseinanderliegenden deutschen und holländischen Ufern zeigt. Weiter sollte niemand versäumen, vom Ratsdelft aus eine Hafenrundfahrt mitzumachen, die zu den riesigen Docks und Hellingen der Werften, den Liegeplätzen der Ozeanfrachter und der Küstenschiffe, den Erz- und Kohlelagern und all den gigantischen Anlagen dieses drittgrößten Nordseehafens führt, nicht zuletzt auch zu den beiden Seeschleusen, der Nesserlander Schleuse und der Großen Seeschleuse, die den Binnenhafen tidefrei halten. In Emden sind etwa 40 Hochseeschiffe bis zu 30 000 BRT beheimatet. An Einfuhrgütern steht Eisenerz aus Lulea und Narvik an erster Stelle, in der Ausfuhr Kohle und Koks aus dem Ruhrgebiet, die meist auf dem Dortmund-Ems-Kanal herangeschafft werden, dessen letztes Teilstück an der Borssumer Schleuse in den Emder Binnenhafen mündet. Die Tatsache, daß um 1900 kaum ein Seeschiff den verschlickten Hafen anlaufen konnte, läßt den in einem halben Jahrhundert erfolgten Aufbau und Ausbau nur noch imposanter erscheinen. Heute liegt vor dem Außenhafen der Geiseleitdamm, der das Fahrwasser der Ems auf eine Strecke von fast 10 Kilometer vom Dollart trennt und es dadurch vor der Verschlickung schützt. Bei Ebbe ist der Damm in seiner ganzen Länge zu sehen.

Von Emden geht es nun weiter nach Larrelt, wo wir uns auf künstlich angeschwemmtem Boden befinden, der aus der Emsmündung stammt. Hier sind einige große Industriewerke angesiedelt, und es mag uns unglaublich erscheinen, daß Larrelt einmal im Mittelalter ein bedeutender Hafen gewesen ist, der auch den Seeräubern offenstand und dem benachbarten Emden scharfe Konkurrenz machte. Wo der alte Hafen lag, das ist nur noch an einer Einbuchtung des Deiches zum Binnenland hin zu erkennen. Die Kirche von Larrelt wurde um 1200 aus Tuffstein erbaut, der vom Brohltal rheinabwärts über Deventer und Utrecht nach Ostfriesland verschifft wurde und neben dem Backstein und behauenen Findlingen als Baumaterial diente.

Weit und eben breitet sich nun die echte Marschlandschaft der Krummhörn vor uns aus. Windschiefe, zerzauste Baumreihen säumen die Straßen, der fast ständig wehende Nordwest hat sie zu zerfetzten Windfahnen gemacht. Aber ihr Holz hat großen Wert für die Faßfabriken von Leer und Emden.

Das Wiesen- und Ackerland ist überall von Gräben durchzogen, die das Land entwässern. Nach Westen hin begrenzt der Deich den Blick, und wenn wir auf die breite Emsmündung hinausschauen wollen, dann müssen wir die Deichkrone besteigen. Die Dörfer und Einzelhöfe der Krummhörn liegen alle auffallend höher als das sie umgebende Land. Sie sind vor

Oben: Der Außenhafen von Emden, im Hintergrund die Borkumschiffe am Kai.

Unten: Im Hafen von Emden werden hauptsächlich Kohle, Erz und Öl umgeschlagen.

Oben: Windschiefe, zerzauste Bäume säumen die Straßen.

Unten: Das Warfendorf Rysum zeigt sich als echtes Runddorf mit der Kirche als Mittelpunkt, den radial angelegten Straßen und den außenliegenden Bauernhöfen.

Die wiederhergestellte Manninga-Burg in Pewsum (15. Jahrh.)

Oben: Blick vom Deich auf die Unterems.

Unten: Der flämische Schnitzaltar in der Kirche zu Loquard ist eins der kostbarsten Kunstwerke Ostfrieslands.

Jahrhunderten auf Warfen erbaut worden, ehe die Marsch durch Deiche geschützt wurde.

Wir sollten auf unserer Reise durch die (oder das) Krummhörn auch abseits gelegene Dörfer besuchen, die alle ihre Besonderheiten haben. Ein typisches Warfendorf ist R y s u m , dessen massige Backsteinkirche (1585) schon von weitem zu sehen ist. Die Dorfstraßen liegen ringförmig auf der ausgedehnten Warf und sind durch radiale Gassen verbunden. Die Bauernhöfe stehen rundum mit den Wirtschaftsräumen und Ställen nach außen, also nach den Feldern gerichtet. Neben der Kirche befindet sich noch der „Feding", ein Teich, in den die Regenrinnen münden. Das war früher die einzige Möglichkeit, an Trinkwasser zu kommen, da das Brunnenwasser meist brackig schmeckte. L o q u a r d bietet mit seinem Schnitzaltar ein kostbares Kunstwerk, das einer flämischen Werkstatt entstammt (um 1620). Der Altar wurde vermutlich auf Anregung des Häuptlings Viktor Frese von Rysum und Loquard errichtet, der zweimal das Heilige Land besucht hatte und mehrmals auf diplomatischen Reisen in den Niederlanden weilte. (Schöningh) Das Dorf C a m p e n , auch auf einer Rundwarf gelegen, mit alter Friesenkirche und freistehendem Glockenturm, hat in der Nähe einen mehr als 60 Meter hohen Leuchtturm, von dem wir weithin die Krummhörn und die Emsmündung überschauen können. Auch G r o o t h u s e n besitzt eine massige Backsteinkirche (13. Jahrh.), eine der fünfundzwanzig Friesenkirchen, die allein auf der Krummhörn stehen, dazu die Osterburg, hart an der Straße in einem Park gelegen, die einst eine Häuptlingsburg der Beninga war. In P e w s u m wird um die wiederhergestellte alte Manninga-Burg aus dem 15. Jahrhundert ein Freilichtmuseum geschaffen. Die alte Dorfkirche von M a n s l a g t ist besonders sehenswert wegen eines romanischen Taufsteins, der von vier Löwen getragen wird.

Das Warfendorf P i l s u m , im Norden der Krummhörn gelegen, erhebt sich vor uns mit breit auf den Warfen gelagerten Bauernhöfen, vor allem aber mit seiner hochragenden, wuchtigen Kreuzkirche, auf deren Vierung sich der massige Turm erhebt. Hier wie auch bei vielen anderen F r i e s e n k i r c h e n drängt sich uns die Frage auf, was die Bewohner all dieser Dörfer getrieben hat, solche stattlichen und meist ungewöhnlich hohen Kirchen zu bauen. Ihre Entstehung geht bis ins 12. Jahrhundert zurück, und an ältesten romanischen Kirchen hat Ostfriesland allein etwa hundert aufzuweisen. Die Antwort lautet, daß die Kirchen nicht nur dem Gottesdienst dienen sollten, sondern auch Fluchtburgen bei Sturmfluten und Kriegsgefahr waren, nicht zuletzt aber sollten die klotzigen Türme weithin sichtbare Landmarken und Seezeichen sein.

Eine große Ziegelei am Rande des Dorfes Pilsum wertet die reichen Tonlager aus. Das Ziegelbrennen wurde vor Jahrhunderten von den Zisterziensern eingeführt, seitdem ist der rote Ziegelstein das wichtigste Baumaterial Ostfrieslands, das von mehr als dreißig Ziegeleien hergestellt wird.

Über das kleine Warfdorf Hauen können wir, nun allerdings zu Fuß, den Nordzipfel der Krummhörn erreichen, die Hauener Hooge. Sie war noch vor nicht langer Zeit eine flache Insel, vielleicht ein Landrest, ist aber nun in den weiten Heller aufgegangen, der sich vor dem Deich am Wattenrand ausbreitet. Hier brütet der Säbelschnäbler in mehreren großen Kolonien.

Merkwürdigerweise liegt keins der vielen Dörfer der Krummhörn unmittelbar an der mehr als 10 Kilometer breiten Emsmündung, außer dem Dorf Knock an der Südwestecke. Des Rätsels Lösung bringt die Heimatkarte von Ostfriesland, ebenso deutlich die Bildkarte zur Geschichte Ostfrieslands, auf denen die alten Deichlinien eingezeichnet sind. Da sehen wir den Süddeich, der von Larrelt über Wybelsum bis Knock verläuft und außerhalb eine Reihe von Dörfern verzeichnet, die im 15. und 16. Jahrhundert untergegangen sind. Jetzt ist das Land eingepoldert, und der neue Deich verläuft schnurgerade vom Emder Außenhafen bis Knock, wo ein rotweißer Leuchtturm die äußerste Südwestecke kennzeichnet. Die Karten zeigen hier auch den vermutlichen Verlauf des ältesten Deiches, der in einem weiten Bogen durch die heutige Emsmündung lief. Auch hier sind einige Dörfer untergegangen, das alte Dorf Knock, Bettewehr (1594) und Drewert.

Das Dorf Bettewehr ist aber noch einmal hart vor dem neuen Deich eingetragen, dort ging es am Neujahrstag 1721 wieder zugrunde. Die Bewohner flohen in die Kirche, aber als sie ein Feuer anzündeten, um sich daran zu wärmen, ging ihre letzte Zuflucht in Flammen auf. Zu Beginn des Jahres 1966 sind bei Landgewinnungsarbeiten noch Reste dieses untergegangenen Dorfes gefunden worden.

Die Karte zeigt auch den Verlauf der alten Ems, die bis 1377 in einem Bogen an Emden und Larrelt vorüberfloß, dann aber mit ihrem jetzigen Strombett die Halbinsel Nesse (= Nase) durchbrach.

Im mittleren und nördlichen Teil der Krummhörn weist die mutmaßliche Deichlinie nach, daß sich hier zwei tiefe Meereseinbrüche befanden, die Campener Bucht und die Sielmönkener Bucht, die bis Hinte reichte und durch ein Tief mit Emden verbunden war. Diese Linie bringt auch Aufschluß über die Lage der Warfendörfer: sie erhoben sich alle in langer Reihe an den Ufern der Buchten. Sicher haben die Bewohner dieser Dörfer einstmals Fischfang betrieben, doch mit der Verlandung der Buchten, die schon vor tausend Jahren begann, sind die Menschen zu Ackerbauern und Viehzüchtern geworden, ihre Dörfer und Höfe liegen aber noch wie in alten Zeiten auf den Warfen, die sich wie Inseln aus der Ebene erheben.

Sielhäfen am Wattenmeer

An der ganzen Westküste der Krummhörn finden wir nicht einen einzigen Hafen, aber mit Greetsiel an der Leybucht beginnt eine lange Reihe von Fischerhäfen, die am ostfriesischen Watt liegen. Der Bestandteil „siel“ in ihrem Namen deutet darauf hin, daß sie alle an Deichdurchlässen erbaut worden sind. Als die Deiche errichtet wurden, ergab sich die Notwendigkeit, Durchlässe für das Binnenwasser, das sich aus Flüssen und Gräben hinter dem Deich ansammelte, zu bauen, gleichzeitig aber mußte man die Gefahr bannen, daß das Seewasser bei Sturmfluten ins Binnenland dringen konnte. Beides schaffte man auf eine ebenso geniale wie einfache Weise. In den Durchlässen wurden Siele gebaut, die aus Innen- und Außentoren bestehen. Die zweiflügeligen Außentore werden bei Ebbe vom Binnenwasser, das sich angesammelt hat, nach außen gedrückt und geöffnet, so daß der Strom ins Watt ablaufen kann. Umgekehrt wird bei auflaufendem Wasser das Sieltor durch den Druck des Seewassers von außen wieder geschlossen, so daß das Flutwasser nicht ins Binnenland dringt. Damit nun aber in trockenen Sommern nicht zuviel Binnenwasser während der Ebbezeit ablaufen konnte, wurde an der Innenseite des Deiches meist ein zweites Tor eingebaut, das vom Sielwärter bei Bedarf geschlossen werden muß.

Jahrhundertelang blieb der Ablauf des Binnenwassers auf diese Weise geregelt, aber die Siele zeigten sich als ungenügend, wenn sich bei anhaltenden Sturmfluten hinter dem geschlossenen Sieltor so viel Binnenwasser ansammelte, daß es das Land weithin überschwemmte. Deshalb hat man in letzter Zeit die alten Siele mehr und mehr durch Sperrwerke und Schöpfwerke ersetzt. Erstere schließen die Deichdurchlässe je nach Notwendigkeit, während die Schöpfwerke das Binnenwasser bei hohen Fluten über den Deich pumpen. Einige alte Siele sind der Tradition halber erhalten geblieben, aber recht selten finden wir noch eins in Betrieb.

Kurz vor Greetsiel ragen an der Straße zwei Windmühlen holländischer Bauart auf, die an ihren drehbaren Kappen zu erkennen sind, während bei Bockwindmühlen das ganze Mühlenhaus auf dem „Bock" gedreht wird, um die Flügel in den Wind zu bringen. Schmale Straßen führen uns zum alten Siel, und durch ein Tor in der Sielmauer gelangen wir in den Hafen. Wenn die Fischkutter – es sind mehr als vierzig – von der Fangfahrt heimkehren, können wir hier die fesselnde Regsamkeit eines Fischereihafens erleben. Mit tuckernden Motoren laufen die Kutter einer nach dem anderen ein, die Netze zum Trocknen hoch an den Mast gehievt. Sie legen dicht beieinander an und füllen fast den ganzen Hafen. Dann wird in aller Eile der Fang an Land geschafft: Fischkästen mit Schollen, Seezungen und anderen Fischen, hauptsächlich aber Garnelen, die eilends auf Wagen geschaufelt und dann sor-

Bei Greetsiel stehen zwei Windmühlen holländischer Bauart, deren Flügelkappe drehbar ist.

Die letzte ostfriesische Bockwindmühle, bei der das ganze Haus auf dem Bock gedreht wird, steht in Dornum.

Das alte Siel von Greetsiel ist durch ein Schöpfwerk ersetzt worden, aber der Tradition halber erhalten geblieben.

Oben: Gestreifter Kattfisch oder Seewolf (Nordsee-Aquarium Wilhelmshaven)

Unten: Dickhörnige Seerose (Urticina felina) mit ausgestreckten und eingezogenen Tentakeln (Seewasser-Aquarium Wilhelmshaven)

Windmühle bei Westgroßefehn, eine der vielen Holländermühlen in Ostfriesland

tiert und gekocht werden. Den größten Teil des Fangs macht aber der „Gammel" aus, der unsortiert in die Darre geschafft wird, um dort getrocknet und an Kraftfutterwerke versandt zu werden. Dieser Gammel aber weckt unsere Neugier, enthält er doch alles, was die Nordsee an seltsamen Fischen (Seeskorpion, Aalmutter, Seenadel usw.), an wunderlichen Krabben (Spinnenkrabbe, Gespensterkrabbe, Schwimmkrabbe, Strandkrabbe, Einsiedlerkrebs, Taschenkrebs) und an anderen merkwürdigen Tieren (Seestern, Sonnenstern, Schlangenstern, Seeigel, Seerose) hergibt.

Alte Fischerhäuser säumen den Hafen und die engen Straßen, aber auch stattliche Backsteingiebel alter Kaufmannshäuser, die davon zeugen, daß Greetsiel seine Geschichte hat. Hier hatten die Häuptlinge aus dem Geschlecht der Cirksena, die späteren Fürsten von Ostfriesland, ihre Stammburg, ein Wasserschloß, das 1682 von den Brandenburgern auf ihrem Vorstoß nach Emden besetzt und 1784 von Friedrich dem Großen, dem Nachfolger des ausgestorbenen Herrscherhauses, zum Abbruch gebracht wurde. Der Alte Fritz ließ damals alle fürstlichen Schlösser und Burgen mit Ausnahme des Auricher Schlosses abbrechen, um die Unterhaltungskosten zu sparen.

Wir folgen auf unserer Weiterreise der Straße, die am neuen Störtebekerdeich (5 km) entlangführt und den neugeschaffenen Leybuchtpolder zum Wattenmeer hin begrenzt. Vor 600 Jahren bildete die Leybucht noch einen tiefen Einbruch, an dem Norden und Marienhafe sich zu Häfen entwickeln konnten. Seit 1550 wurde die Bucht Stück um Stück dem Meere wieder abgerungen, und mehr als zwanzig Polder sind seitdem entstanden, der letzte 1947–50, der 1000 ha groß ist und mit 120 Familien besiedelt wurde. Ein neuer, gewaltiger Abschlußdamm von Hauener Hooge bis Westermarsch ist bereits geplant. Vom Deich aus sehen wir, daß sich hier wie fast überall neues Außendeichsland bildet, der Heller mit den typischen salzliebenden Pflanzen, von denen an der äußersten Grenze zum Watt hin nur noch der „Krückfoot" oder Queller steht, dem sich hier und da das schilfartige

Schlickgras zugesellt, das aus England stammt und um 1930 in der Leybucht zuerst auftauchte und auch angepflanzt wurde, da es anwachsfördernd zu sein schien. Es hat sich auch gut bewährt, aber sein Nutzen wird dadurch geringer, daß dies harte Gras die anderen Hellergräser verdrängt, selber aber vom Vieh nicht angenommen wird.

Die Marschbauern fördern den Landanwachs dadurch, daß sie Gräben durch den Heller ziehen, in denen sich der Schlick absetzt. Etwa alle zwei Jahre werden die Gräben ausgehoben, wobei der Schlick auf die Grabenränder geworfen wird. Eine weitere Maßnahme zur Landgewinnung ist die Anlage von Lahnungen. Das sind Doppelreihen von meterhohen Pfählen mit dazwischen gestecktem Reisig, die die Strömung des Wassers bremsen und damit die Schlickablagerung fördern. Neuerdings sind Versuche gemacht worden, das Reisig durch Plastikmatten zu ersetzen, die ungleich schneller aufgestellt werden können als die Buschlahnungen. Nach acht bis zehn Jahren, wenn der Heller etwa 50 Zentimeter über Mittelhochwasser liegt, ist er deichreif geworden. Der Deichbau erfordert aber ungeheure Mühen und hohe Kosten, die je 1000 Meter etwa 1,5 Millionen D-Mark betragen. Die alten Deiche bleiben oftmals als „Schlafdeiche“ stehen, manchmal werden sie jedoch für den neuen Deichbau abgetragen und mitunter auch zu Straßen ausgebaut. Das ganze Marschland ist also mit der Zeit durch alte und neue Deiche in Polder aufgeteilt worden, so daß heute bei Deichbrüchen zunächst nur der dahinterliegende Polder überschwemmt wird.

Am Ostende des Störtebekerdeiches ist Neu-Westeel an Stelle des untergegangenen Dorfes Westeel entstanden. Weiter geht es zum Leybuchtsiel, das an der Mündung des Norder Tiefs gebaut worden ist. Das Staubecken an der Landseite dieses Siels wurde als „Vogelfreistätte Neu-Westeel“ unter Naturschutz gestellt.

Auf der Weiterreise sehen wir bald schon am Horizont die schlanken Gittertürme der Seefunkstation Norddeich aufragen, die 1907 errichtet worden ist. In Norddeich selbst aber geraten wir aus der Stille und Weite der Marschlandschaft un-

Die Kirche in Pilsum, eine Kreuzkirche mit wuchtigem Vierungsturm und freistehendem Glockenturm.

FRISIA III

AG 1
AG 8

versehens in ein lebhaftes Treiben. Ein Strom von Kraftwagen strebt nach der Mole, die auch Endstation von D-Zügen ist. Am Molenkopf liegen fast immer einige Schiffe für die Fahrt nach Norderney, Juist und Baltrum bereit, und im Fahrwasser an der langen Mole entlang kommen und gehen Schiffe jeder Art, läuft doch auch der ganze Frachtverkehr nach den Inseln über Norddeich-Mole. Die Reederei Norden-Frisia hatte im Sommer 1966 bis zu fünfzig Fahrten täglich mit ihren vierzehn Schiffen zu verzeichnen. Zu dieser Flotte gehören zwei Autofähren und seit kurzem auch die schnelle „Moby Dick", die von der Werft C. Cassens in Emden erbaut worden ist.

Rechts der Mole breitet sich ein ausgedehnter Hafen für Frachtschiffe, Motorboote und Segelboote aus, vor allem aber für die dreißig Fischkutter, die hier beheimatet sind. Am Ende des Hafenbeckens liegt eine kleine Werft, in der Kutter und kleine Frachtschiffe gebaut oder überholt werden.

Die Fischer Norddeichs fahren wie alle Berufsgenossen an der Wattenküste hauptsächlich auf Krabbenfang aus, allerdings nur von Mai bis November, da die Garnelen im Winter nach tieferen Gründen ziehen. Im Spätherbst werden Sprotten und Heringe gefangen, von April bis Mai Sardellen, diese aber meist im Dollart und in der Unterems. Im Sommer ziehen die Schiffer oft bei Nacht auf Schollenfang. So fahren stets einige Kutter bei Sonnenuntergang durch das Gatt von Norderney und ziehen vor der Insel ihre Streeks. Am Morgen bieten sie dann aus ihren Fängen frische Fische an. Im Jahre 1959 haben 50 Fischkutter in sechs Monaten 150 000 kg Schollen, Seezungen, Scharben und Butt, aber auch Dornhaie, Rochen, Makrelen, Schellfisch, Kabeljau und Knurrhahn gefangen. (Nach Bruhns)

Norddeich ist der Hauptort für den Miesmuschelfang, wenn man überhaupt von Fang sprechen kann, da die Schalentiere in Haufen auf dem Schlick liegen. Bei der Aus-

Links oben: Von Norddeich-Mole fahren die Schiffe nach Juist, Norderney und Baltrum.

Links unten: Am Hafen von Greetsiel, hinter der Hafenmauer alte Bürgerhäuser.

fahrt von Norddeich kann man links hinter der Mole, sofern gerade Ebbezeit ist, die schwarzen Flächen der Miesmuschelbänke sehen. Früher wurden die Miesmuscheln bei Ebbe in Schaluppen geschaufelt, heute fischt man sie mit eisernen Kratzern unter Wasser. In einer Muschelwäscherei wird der Fang gesäubert und dann vorwiegend ins Rheinland verschickt. Im Jahre 1958 kamen 1500 Tonnen Miesmuscheln zum Versand. Von Norddeich aus lohnt sich ein Abstecher ins Binnenland, der uns zunächst nach dem nahen Norden führt. Die Stadt liegt auf einer Geestinsel und ist rundherum von Marschen umgeben. Als um 1400 die Leybucht sich infolge schwerer Meereseinbrüche bis Norden ausdehnte, entwickelte die Stadt sich zu einem bedeutenden Hafen. Noch vor vierzig Jahren bestand eine schiffbare Verbindung durch das Norder Tief mit der Leybucht, aber Hafen und Tief verschlickten immer mehr, bis der unbedeutend gewordene Wasserweg schließlich durch das Leybuchtsiel gesperrt wurde. Aus dem Seehafen wurde eine Landstadt, und nur im Süden Nordens erinnern Reste des Hafens und des Tiefs, überragt von einer stattlichen Windmühle, an die Vergangenheit.

Ein Stück lebendige Vergangenheit ist auch der ungewöhnlich große, mit uralten Bäumen bestandene Marktplatz. In seiner Mitte liegt die Ludgerikirche mit dem Glockenturm. Sehenswert ist in ihrem Innern das prächtige Renaissance-Grabmal des Häuptlings Unico Manninga, vor allem aber die Barockorgel des berühmten Orgelbauers Arp Schnitger (1648–1719). Am Rande des Marktplatzes steht das vierhundertjährige Rathaus, in dem heute die reichen Sammlungen des Heimatmuseums untergebracht sind. Im Rathaus befindet sich auch die Theelkammer, der Versammlungsraum der Theelacht, einer mehr als tausendjährigen bäuerlichen Genossenschaft mit großem Grundbesitz, deren vier Theelrichter alljährlich die Verteilung der Erbpacht (Theel = Teil?) und des Erbpachtzinses vornahmen. Die Theelacht pflegt auch heute noch ihre alten Rechte, Pflichten und Bräuche.

Nicht versäumen sollten wir, das einige Kilometer weiter südlich liegende Marienhafe zu besuchen, dessen massiger

Oben: Das vierhundertjährige Rathaus von Norden dient heute als reich ausgestattetes Heimatmuseum.

Unten: Der wuchtige Störtebekerturm von Marienhafe ist der Rest einer starken Seeräuberfestung.

Gittertürme der Seefunkstation Norddeich.

Störtebekerturm unser eigentliches Ziel ist. In dem alten Marktflecken Marienhafe fanden um 1400 die Likedeeler unter Klaus Störtebeker und Godeke Michael ihren sichersten Stützpunkt. In einer Flutrinne, die noch heute trotz Verlandung Störtebekertief heißt und an einer etwa 50 Meter breiten Senke mit schmalem Wasserlauf zu erkennen ist, konnten die Seeräuber von der Leybucht her bis nahe an den Turm heranfahren und ihre Raubwaren auf den Kirchhof schaffen, der durch Mauern und feste Tore geschützt war. Der Turm wurde zu einer Festung ausgebaut. Er hatte ursprünglich sechs Stockwerke und war 65 Meter hoch. Nach der Ausrottung der Seeräuber verfiel die Festungsanlage allmählich, und als im vorigen Jahrhundert die Mittel – ganze neuntausend Taler – zur Erhaltung der Kirche fehlten, wurde der Turm 1829 zum Teil abgebrochen, ebenso das Gewölbe des Langhauses und die Seitenschiffe. Imposant ist das inzwischen renovierte und 1964 wiedereingeweihte Bauwerk, einst das größte zwischen Ems und Weser, aber auch heute noch, ähnlich wie die wuchtigen Nachbarkirchen von Osteel und Engerhafe, die alle für die frühere Schiffahrt wichtige Seezeichen gewesen sind. In der Störtebekerkammer des Turms von Marienhafe ist interessantes Material aus der wechselvollen Geschichte, vor allem aus der Seeräuberzeit, aufbewahrt worden.

Wir können unseren Abstecher in das Binnenland nun auch bis Aurich ausdehnen, der jahrhundertealten Hauptstadt Ostfrieslands. Vor siebenhundert Jahren stand hier bereits eine Burg des Grafen von Oldenburg. Um diese Zeit ist vermutlich auch die Lambertikirche, deren Glockenturm heute noch das Wahrzeichen der Stadt ist, erbaut worden. Im Innern der 1835 neuerbauten Kirche finden wir einen kunstvollen spätgotischen Schnitzaltar, ein Werk der Antwerpener Lukasgilde (um 1510). In der Mitte des 15. Jahrhunderts wechselte die Burg nach schlimmen Fehden mehrfach den Besitzer, bis die Cirksena Herren von Ostfriesland wurden, die Stadt Aurich zu ihrer Residenz erklärten und eine stattliche Burg erbauten. Nach dem Aussterben der Cirksena (1744) wurde Aurich im Laufe von zweihundert Jahren nacheinander preußisch, holländisch, französisch, wieder preußisch, hannoversch, noch einmal preußisch und ab 1945 Hauptstadt eines niedersächsischen Regierungsbezirks.

Alte Gassen und Bürgerhäuser zeugen von vergangenen Zeiten, aus denen auch der Marstall als Überrest des alten fürstlichen Schlosses erhalten ist, das im übrigen um 1850 abgebrochen und neuerbaut wurde. Das Gebäude der „Ostfriesischen Landschaft", die als Erbin der einstigen ostfriesischen Stände die Kulturpflege und mancherlei andere Aufgaben übernommen hat, wurde um die Jahrhundertwende errichtet. Es enthält historische Prunkräume und viele Einzelstücke aus ostfriesischer Geschichte und Kultur, unter anderem auch naturgetreue Modelle einstiger Häuptlingsburgen. Nicht weit von Aurich, bei dem Dorfe Rahe, stand der Upstalsboom, wo die Abgesandten der Friesen ihre Pfingsttagungen abhielten. Eine Steinpyramide unter hohen Bäumen kennzeichnet heute die uralte Thingstätte. Sie wurde 1833 zum Gedenken an die Gefallenen der Befreiungskriege errichtet.

Auf der Rückfahrt zur Küste besuchen wir die eine kurze Strecke östlich von Norden gelegene Lütetsburg, einmal wegen des Schlosses mit seinem herrlichen alten Park, dann aber auch wegen der Brutkolonie im Lütetsburger Forst, wo fünfundzwanzig Graureiherpaare horsten (1967). Früher zählte die Kolonie fast hundert Horste, wozu sich im Jahre 1947 auch Kormorane ansiedelten, deren Zahl vor zehn Jahren auf achtzig Paare stieg. Um 1960 blieben die Kormorane allmählich aus, vermutlich hat der Abschuß von etwa vierzig Altvögeln, die ja Fischräuber sind, die seltenen Vögel vertrieben. Die Forstverwaltung glaubt aber, daß infolge des notwendigen Holzeinschlags und nach starken Windbrüchen die Brutplätze knapper und von den Reihern schließlich allein in Anspruch genommen wurden. Hier werden übrigens auch die Reiher zu Hause sein, die wir auf den Schlickbänken der Emsmündung entdeckt haben.

Nach Norddeich zurückgekehrt, setzen wir nun unsere Küstenreise unmittelbar hinter dem Deich fort. Vor uns ragen die Sendetürme von Osterloog auf. Auch hier verlockt es uns

Oben: Von dem fürstlichen Schloß in Aurich ist nur noch der 1732 erbaute Marstall erhalten.

Unten: Schloß Dornum war im 14. Jahrhundert Sitz der Häuptlinge Attena.

Der Upstalsboom, die alte Thingstätte der Friesen.

öfter, von der Deichkrone aus Ausschau zu halten. Der weite Blick auf das Wattenmeer ist immer wieder reizvoll, bei Ebbe wie bei Flut. Grasende Kühe am Außenhang des Deiches, krächzende Möwen und lautrufende Austernfischer über uns, wachsame Kiebitze auf den Weiden oder im Zickzackflug, die melodischen Töne des Rotschenkels, das Quarren der Gänse und Enten – wilde Laute, die zu dieser Landschaft gehören wie der Wind und das Rauschen der See! Und nach Süden hin überschauen wir die Marsch, die überraschend viel Ackerland und zahlreiche Bauernhöfe auf Einzelwarfen zeigt.

Mit Hilgenriedersiel setzt sich die Reihe der Sielhäfen fort. Aber nach dem geschäftigen Leben in Greetsiel und Norddeich kommen wir nun in die Stille und Abgeschiedenheit einsam gelegener Dörfer, die gleichwohl von Marsch und Meer geprägt sind. Die ehemalige Bucht ist fast völlig verlandet und eingedeicht, und das Watt scheint sehr flach zu sein, so daß wir wenig verwundert darüber sind, daß von hier aus früher ein Postbote nach dem in seiner ganzen Länge vor uns liegenden Norderney geritten ist und daß zu der Zeit, als die Insel noch Sommerresidenz des Königs von Hannover war, die anreisenden Badegäste in der Postkutsche durch das Watt gefahren wurden. Von Neßmersiel führt noch eine schmale Rinne zum Wattenmeer, daneben wurde ein neuer Sielhafen erbaut. Im Sommer fährt ein Motorboot regelmäßig nach Baltrum. Ein paar Kilometer landeinwärts liegt das Schloß in Dornum, eine Wasserburg, im 14. Jahrhundert als Sitz der Häuptlinge Attena erbaut, später zerstört und wiederaufgebaut zu dem stattlichen Barockbau, in dem heute eine Mittelschule untergebracht ist. Gut erhalten in ihrer Ursprünglichkeit als Häuptlingssitz ist die Beningaburg (1507). Dornum besitzt auch die einzige Bockwindmühle Ostfrieslands. Dieser Mühlentyp, früher in Ostfriesland allgemein verbreitet, wurde durch die Holländermühle verdrängt. Die im Jahre 1626 errichtete und vor kurzem renovierte Windmühle ist intakt, so daß der einfache Mahlvorgang gut beobachtet werden kann. Die romanische Warfenkirche aus dem 14. Jahrhundert hat viele alte Kunstwerke aufzuweisen, darunter die schwarzmarmorne

Grabplatte des 1594 gestorbenen „Gerhart von Closter to Dornum und Petkum, Hovetlink“. Im Grabkeller stehen die Särge von elf anderen Häuptlingen.

Wir begeben uns wieder zur Küste und erreichen die Deichlinie bei D o r n u m e r s i e l und W e s t e r a c c u m e r s i e l. Hier sind noch einige Fischerboote beheimatet, aber die Siele wurden durch ein Schöpfwerk ersetzt, und die stillen Dörfer haben sich nach dem großzügigen Ausbau des Strandbades zu vielbesuchten Küstenbädern gewandelt. Lebhaft geht es auch in B e n s e r s i e l zu, wo an großen Kaianlagen Frachtewer, Fischkutter, Motor- und Segelboote und die Fahrgastschiffe nach L a n g e o o g festmachen. Der Ort hat sich mit Badestrand, Seewasser-Schwimmbecken und Campingplatz zu einem vielbesuchten Küstenbad entwickelt, wie mehr oder weniger alle Sielorte am Wattstrand. Knapp vier Kilometer landeinwärts liegt E s e n s, eine typische ostfriesische Landstadt mit einem weiträumigen Marktplatz, den ein von Bürgerstolz zeugendes Rathaus beherrscht, mit stattlichen Giebeln an den engen Straßen und der hochragenden St.-Magnus-Kirche auf einem weiten, baumbestandenen Kirchhof. Diese Kirche enthält auch mit dem gotischen Sandstein-Sarkophag des Häuptlings Siebet A t t e n a († 1473) das eindrucksvollste geschichtliche Zeugnis der Stadt.

Unter den wenigen Industriewerken interessiert uns das M u s c h e l k a l k w e r k, das Muschelschalen, in Ostfriesland Schill genannt, zu Düngekalk und Futterkalk verarbeitet. Der Schill wird mit Baggern von den Schillbänken, wo die Strömung die Muschelschalen in Haufen zusammengetragen hat, in Lastkähne gehoben. Früher wurde der Schill bei Ebbe in Schaluppen geschaufelt, ein mühsames, aber doch einträgliches Gewerbe, an dem sich sogar die Landesherren durch Abgaben beteiligten. Die Kalkbrennereien gewannen damals Mörtelkalk daraus, der in Ostfriesland rar ist. Außer in E s e n s gibt es in N o r d e n, V a r e l und L e e r Muschelkalkwerke, die große Mengen Schill verarbeiten und auch ins Ausland verkaufen.

In N e u h a r l i n g e r s i e l finden wir wieder einen bedeutenden Fischereihafen. Wenn die etwa zwanzig Fischkutter auf

Oben: Abfahrt des Fahrgastschiffes von Harlesiel nach Wangerooge.
Unten: Im Fischerhafen Neuharlingersiel.

Der Sandstein-Sarkophag des Häuptlings Siebet Attena († 1473) in der St.-Magnus-Kirche in Esens.

Fangfahrt sind, ist der Hafen wie ausgestorben, nur wenige kleinere Frachtschiffe und vielleicht auch das Fahrgastschiff nach Spiekeroog liegen an den Bollwerken. Kehren die Boote aber zurück, dann entwickelt sich eine bunte Geschäftigkeit, wie wir sie in Greetsiel bereits erlebt haben, die aber immer wieder reizvoll ist. Die Boote werden schnell entladen, dann wird eilig „Rein Schiff" gemacht, und bald sieht man die jungen und alten Schiffer gemütlich beieinander, um einen Klöhnsnack zu halten.

Von der Sielbrücke aus haben wir einen interessanten Ausblick nach zwei Seiten, einmal zum Hafen und darüber hinaus zum Watt hin, nach der Landseite aber liegt unter uns das breite Tief und dahinter in einem Park der Sielhof, ein im Barockstil erbautes Landhaus, das kürzlich durch Umbau dem Fremdenverkehr nutzbar gemacht worden ist. Das alte Siel, auf dessen Brücke wir stehen, ist zugeschüttet und durch ein großes Schöpfwerk ersetzt worden, aber die Sielmauer ist erhalten und trägt an der Hafenseite das Brandenburger Wappen mit der Jahreszahl 1785, an der Binnenseite das Bärenwappen des früheren Amtes Esens.

Vor Carolinensiel ragt eine hohe, auf einem Hügel errichtete Windmühle auf, die heute noch in Betrieb ist. Der Ort wurde 1729 am Siel des Carolinengrodens gegründet und nach der Fürstin Caroline benannt. Das alte Siel ist nicht mehr, die Harle fließt durch den Sielkanal unter der Straße her in den Hafen von Carolinensiel, der einmal regen Schiffsverkehr aufwies, heute aber nur noch einen idyllischen Dorfwinkel bildet. Im Jahre 1765 konnte der Friedrichsgroden eingedeicht werden, der dem Carolinengroden vorgelagert ist. Am Deichdurchlaß wurde Friedrichschleuse mit einem kleinen Hafen gegründet, an dem sich die Fischer in ihren charakteristischen geduckten Häusern ansiedelten. Schleuse und Hafen sind aber inzwischen überflüssig geworden, da wieder neues Vorland eingedeicht worden ist. Der Außendeich verläuft nun etwa an der Stelle, wo der alte Anleger Harle für den Schiffsverkehr nach Wangerooge stand. Das längst unzulängliche Bauwerk aus Pfählen und Bohlen hat großen Kaianlagen Platz gemacht, und die Harlemündung hat das Harlesiel erhalten, ein mächtiges Schöpfwerk mit einer Schleuse für durchfahrende Fischkutter und Boote. Wenn die Tore des Schöpfwerks bei Flut geschlossen sind und sich zu viel Wasser aus dem Binnenland staut, dann entwässern drei starke Pumpen mit einem Hubvermögen von 50 000 cbm in der Stunde das Harlebecken. Etwa zehn Fischkutter gehen von hier aus auf Granatfang oder liegen in der Fangpause in den Fischerhäfen beiderseits des Siels. Carolinensiel ist neben Norddeich Hauptversandort von Miesmuscheln.

Ein Blick auf die Heimatkarten zeigt uns die gewaltige Fläche, die einst als Harlebucht bis Wittmund und mit einigen wasserreichen Tiefs noch weiter reichte, im Osten etwa bis Werdum, im Westen bis Tettens und im Süden fast bis Jever. Mit dem Werdumer Groden begann bereits 1617 die Rückgewinnung des Landes, bis die Harlebucht Groden um Groden dem Meere wieder abgerungen war. Die Harlebucht bildete bis dahin die Grenze zwischen Ostfriesland und dem Jeverland, das durch Erbschaft an die Grafen von Oldenburg gefallen war (1575). Schließlich einigten sich die streitenden Landesherren und ihre Staatsmänner im Jahre 1743, indem sie eine fast gerade Linie zogen, die sie in Gold in die Landkarte zeichnen ließen. Daher wurde diese Grenze die „Goldene Linie“ genannt. Sie verlief in nordsüdlicher Richtung östlich von Carolinensiel, weiter durch das Watt und das Harlegatt, so daß also Wangerooge auf oldenburgischem, Spiekeroog auf ostfriesischem Gebiet lag und auch noch liegt. Die alte Herrschaft Jeverland bildet heute den Kreis Friesland mit der Hauptstadt Jever.

Fast auf der „Goldenen Linie“ führt uns die Straße südwärts von Carolinensiel nach Wittmund, wo sich an der höchsten Stelle des Geestrückens auf einem baumbestandenen Kirchplatz die wuchtige Nikolaikirche (1776) erhebt, rundum von einem Häuserkranz umgeben, der vermutlich den alten Stadtkern bildete. Als die Harlebucht bis hierher reichte, war Wittmund eine rege Hafenstadt, und vor etwa hundert Jahren gab es noch einen Binnenhafen, der mit der Harle verbunden war. Heute

Der wuchtige Turm der Nikolaikirche in Wittmund.

Ein romanischer Taufstein aus dem 13. Jahrhundert in der Kirche von Hohenkirchen.

ist nichts mehr davon zu sehen. An die feste Burg der Attena (1461), die Friedrich d. Gr. 1764 abbrechen ließ, erinnert nur noch der innere Wall.
Von Carolinensiel sind es nun etwa 15 Kilometer bis zur Nordostspitze der ostfriesischen Halbinsel. Die Straße führt durch fruchtbares Marschland, und immer wieder bietet sich uns das ruhige Bild großer Marschenhöfe, die von einem Kranz wetterzerzauster Bäume umgeben sind. Vor zweihundert Jahren lagen die Höfe und Häuser hinter dem Deich noch völlig ungeschützt den Stürmen preisgegeben. Da gebot ein Erlaß des Fürsten von Anhalt-Zerbst, der das Jeverland geerbt hatte, daß alle Höfe mit Bäumen zu bepflanzen seien. Das war sicher eine weise Anordnung, denn die Baumgruppen schützen seitdem die Häuser und liefern dem waldarmen Lande eine Menge Holz.
Vom Deich aus erkennen wir die meist in einem fernen Dunst liegende Insel Wangerooge mit ihren beiden Wahrzeichen, dem rotweißen Leuchtturm, der seit hundert Jahren in der Mitte des Inseldorfes steht, und dem neuerbauten Westturm, in dessen Nähe ein neuer Leuchtturm errichtet worden ist.
Abseits unserer Straße liegt Hohenkirchen mit seiner wehrhaften, aus Granitquadern erbauten Friesenkirche, deren Hochaltar und Kanzel von dem berühmten Hamburger Bildschnitzer Ludwig Münstermann angefertigt wurden (1620 und 1628) und deren romanischer Taufstein aus dem 13. Jahrhundert stammt. In der Nähe ragt der weithin sichtbare klotzige Wasserturm von Hohenkirchen auf. Eine wehrhafte romanische Friesenkirche besitzt auch Minsen, wie die meisten aus Granit gefügt.

An der Jadebucht

Schillig und Horumersiel liegen nahe beieinander und bilden ein vielbesuchtes Nordseebad. Wir aber streben Schillighörn zu, der äußersten Landspitze, um von dort einen Ausblick auf die Jadebucht und die See zu gewinnen. Zwei Leuchttürme, das Unterfeuer am Strand und das Oberfeuer am

Deich, dienen der regen Schiffahrt in der Jadebucht. Das Fahrwasser liegt gar nicht fern, und wir können fast immer Fahrgastschiffe, Frachtschiffe und Tanker auf dem Wege nach Wilhelmshaven oder auf der Fahrt in See beobachten. Seit in Wilhelmshaven ein großer Ölhafen angelegt wurde, ist der Schiffsverkehr besonders rege geworden.

Östlich von Schillighörn liegt die Vogelinsel Mellum, auf der die 20 Meter hohe, aus Pfählen errichtete Spitzbake mit einem eingebauten Unterkunftsraum steht, wo Schiffbrüchige Unterschlupf finden können. Ein gesprengter Bunker auf dem Deich zeugt noch davon, daß Mellum im letzten Kriege befestigt und mit einer starken Besatzung belegt war. In dieser Zeit wurde auch der 50 Meter hohe Leuchtturm Mellum-Plate erbaut, den wir im Nordosten sehen. Rechts von Mellum, aber weit dahinter, erhebt sich in der Wesermündung der Hoheweg-Leuchtturm. Genau im Norden sehen wir die durch wasserbauliche Maßnahmen geschaffene Insel Oldeoog mit einer Wohnbake, in der der Vogelwart und die Buhnenarbeiter untergebracht werden. Oldeoog ist bei Ebbe auf einer Wattwanderung zu erreichen, wegen der Gefahr aber mit einem Wattführer. Während der Brutzeit darf die Insel nur mit besonderer Erlaubnis der Vogelwarte Helgoland betreten werden. Bei guter Sicht ist westlich von Oldeoog auch die Insel Wangerooge zu erkennen.

Die Straße wendet sich nun nach Süden und verläuft an der Westseite der Jadebucht. Vor Hooksiel liegt in einem Gehölz Burg Fischhausen, ein vierhundertjähriger Häuptlingssitz mit Schloßturm und Rittersaal. Ganz in der Nähe horsten etwa vierzig Graureiher, die hier während der Brutzeit sehr gut zu beobachten sind. In Hooksiel erleben wir aber nicht mehr wie früher das anziehende Leben und Treiben des Fischerhafens mit Krabbenkuttern und Miesmuschelbooten, die die Fanggründe von der Jadebucht bis Borkum befuhren. Sie haben ihren Liegeplatz in dem neugeschaffenen Erholungsgebiet bekommen, und der alte Hafen wirkt nun mit seinen leeren Lagerhäusern recht verödet. Das Außentief läuft aber noch in einer langen Rinne durch den weiten Heller zur Jade-

Das Rathaus von Jever mit dem Ratspütt.

Oben: Der Leuchtturm von Schillig an der Nordostecke Ostfrieslands.
Unten: Burg Fischhausen, ein vierhundertjähriger Häuptlingssitz.

bucht. Früher einmal war Hooksiel der Hafen von Jever, und der Schiffsverkehr ging bis zu dieser Stadt über das Hooksieler Tief. Die wachsenden Eindeichungen haben diese Verbindung aufgehoben, so daß Hooksiel zu einem idyllischen und darum vielbesuchten Fischerort geworden ist.

Wir wollen nicht versäumen, nun die Störtebekerstraße zu verlassen und auch Jever, die alte Hauptstadt des Jeverlandes, zu besuchen, die uns von weitem schon mit dem Schloßturm grüßt, dem Wahrzeichen des ganzen Landes. Das Schloß ist aus einer alten, um 1500 erbauten Häuptlingsburg entstanden. Der erste Häuptling des Jeverlandes war Edo Wiemken, der sich in seinem Kampfe gegen die Hansestädte Bremen und Hamburg die Hilfe der Vitalienbrüder sicherte. Er vereinigte Rüstringen und das Wangerland um 1370 zur Herrschaft Jever. Die letzte seines Stammes war „Fräulein Maria von Jever“, heute noch lebendig in Sagen und Geschichten. Im Chor der alten Stadtkirche, der die Neue Kirche angegliedert worden ist, steht das einzigartige Edo-Wiemken-Grabmal, das Maria von Jever ihrem Vater durch den Antwerpener Bildhauer Cornelis Floris erbauen ließ, aus dessen Werkstatt viele dekorative Grabmäler hervorgegangen sind. Seinen üppigen, an die Renaissance angelehnten Stil verrät auch das Grabmal Edo Wiemkens d. J., das über dem reichverzierten Sarkophag mit der lebensgroßen, in Stein gehauenen Gestalt des Häuptlings einen achtbogigen, in Eiche geschnitzten Baldachin trägt. Die Inschrift lautet: „Anno 1511 up Pask Avend is in God selig entslapen der Edle Herr Ede Wiemken, Herr tho Jever, Rüstringen, Oestringen und Wangerland, Deme God Gnade.“ Nach dem Tode des Fräuleins Maria im Jahre 1575 begann für das Jeverland die verwickelte dynastische Geschichte vieler deutscher Kleinstaaten. Zunächst ging die Herrschaft Jever durch Erbschaft auf den Grafen von Oldenburg über, und da auch dies Haus ausstarb (1667), bekam sie der Fürst von Anhalt-Zerbst. Im Jahre 1793 fiel das Jeverland an die russische Zarin Katharina II., die eine gebürtige Prinzessin von Anhalt-Zerbst war. Ihr Bild hängt noch heute im Audienzsaal des Schlosses von Jever. Rußland trat Jever im Tilsiter Frieden

1807 an Napoleon ab, der es zu Holland schlug, das unter seinem Bruder Louis Bonaparte zum Königreich erhoben worden war. Als König Louis sich mit seinem kaiserlichen Bruder überwarf, wurde Holland und damit auch die Randprovinz Jever dem Kaiserreich Frankreich einverleibt. Nach Napoleons Sturz sprach der Wiener Kongreß das Jeverland wieder dem russischen Zaren zu, der aber schenkte es 1818 dem Großherzog von Oldenburg. Dann war Jever ein volles Jahrhundert die zweite Residenz des großherzoglichen Hofes, bis Oldenburg 1919 Freistaat wurde.

Trotz solcher verwirrender Geschichte ist die Stadt eine der schönsten niederdeutschen Residenzen geblieben, der Maria von Jever unverkennbar das Gepräge gegeben hat. Auf dem weiten Schloßplatz steht deshalb zu Recht ihr Denkmal, das Harro Magnussen, ein Schüler von Reinhold Begas und Schöpfer zahlreicher Büsten und Standbilder, um 1900 geschaffen hat. Andere Sehenswürdigkeiten sind das mehr als vierhundertjährige Rathaus mit dem Renaissancegiebel, das „Haus der Getreuen" mit vielen Bismarck-Erinnerungen, die die Verehrer des Altkanzlers gesammelt haben, der Schütting mit dem Laubengang, die Schlachtmühle, der weite Marktplatz und in reizvollem Gegensatz dazu die idyllischen Gassen und Winkel der Altstadt.

Der Rückweg zur Küstenstraße führt uns über Sillenstede, wo die größte, aus Granitquadern errichtete romanische Kirche des Jeverlandes mit mächtigem Glockenturm steht, die im 13. Jahrhundert auf einer Warf erbaut worden ist. Die Findlingsblöcke wurden nur an der Außenseite behauen, während man die Hohlräume in der Mauer mit Muschelkalk und Sand ausfüllte. So konnte Nässe eindringen, die im Winter gefror und das Mauerwerk sprengte, weshalb die Mauern durch viele Eisenanker gefestigt werden mußten. Das Innere der durch klare Schönheit wirkenden Kirche wird beherrscht von dem spätgotischen Flügelaltar eines unbekannten Meisters (um 1500). In der Kirche von Accum beeindruckt uns das 1567 aus schwarzem Marmor gehauene Grabmal mit den überlebensgroßen Figuren des Häuptlings Tido von Inn- und Knip-

Das Schloß in Jever, Wahrzeichen des Jeverlandes.

Oben: Die Kirche in Sillenstede, ein Granitquaderbau aus dem 13. Jahrhundert.
Unten: Ausschnitt aus dem Flügelaltar der Sillensteder Kirche.

Oben: In Wilhelmshaven bei der Strandhalle am Südstrand legt das Helgolandschiff an.

Unten: Tanker an der Ölpier von Wilhelmshaven.

Oben: Im Seewasseraquarium: Der Dorsch oder Kabeljau ist an seinem Bartfaden und an der hellen Seitenlinie zu erkennen.

Unten: Seenelken, Seerosen, Seestern, Sonnenstern, Seeigel. Darüber: Meersalat und Seemoos.

hausen und seiner Gemahlin, deren Stammburg Kniphausen nicht weit von hier liegt.

Auf der Störtebekerstraße gelangen wir nun bald in das Weichbild der Großstadt Wilhelmshaven, die die einstigen Marschdörfer, auf deren Grund sie entstanden ist, als Stadtteile aufgenommen hat. Kniphausersiel und Rüstersiel wurden im 16. Jahrhundert angelegt, als die Made, ein tiefer Meereseinbruch, eingedeicht werden mußte. In Rüstringen lag die feste Burg des Häuptlings Edo Wiemken, des ersten Verbündeten der Vitalienbrüder.

Die Anlage des großen Kriegshafens Wilhelmshaven begann 1854 damit, daß Preußen von Oldenburg ein Landgebiet bei Heppens erwarb und in Marsch und Schlick die ersten Hafenanlagen schuf. Daraus entwickelte sich nach der Reichsgründung 1871 der Kriegshafen mit der ehemals Kaiserlichen Werft, den ausgedehnten Hafenbecken, die einen großen Teil der Flotte aufnehmen konnten, mit mehreren Seeschleusen und Hafeneinfahrten und großen Kasernenanlagen. Die meisten Einfahrten und Becken wurden nach dem letzten Kriege zerstört, aber die imposante Kaiser-Wilhelm-Brücke, im Jahre 1907 mit einer Länge von 159 Meter als ein Meisterstück der Brückenbaukunst erbaut, ist erhalten geblieben und muß auch heute noch bei jeder Schiffsdurchfahrt ohne Rücksicht auf den damit gesperrten Straßenverkehr gedreht werden. Die Haupteinfahrt in den Hafen ist 1957 bis 1964 wiederaufgebaut worden und war mit ihren zwei Schleusenkammern von je 390 Meter Länge und 60 Meter Breite die größte Seeschleuse der Welt, bis sie 1967 von der neuen Antwerpener Seeschleuse (500 Meter) übertroffen wurde. Über die Drehbrücke gelangen wir zu den Anlegestellen der Bäderschiffe nach Helgoland und zum vielbesuchten Südstrand mit der Strandhalle. Hier ist im Untergeschoß das Seewasseraquarium untergebracht, wo wir die wunderbaren und wunderlichen Lebewesen der Nordsee in all ihrer Formen- und Farbenpracht betrachten können. Da sind vor allem verschiedenartige Seerosen, diese seltsamen Schlauchtiere, die zu Tausenden auf den Felsstücken sitzen, da sehen wir alle Krabbenarten in ihren bizarren Gestalten, vielerlei Fische von der

Scholle bis zum Hai und schließlich auch einige Seehunde, die wir sonst höchstens einmal von fern sichten können.
Vor dem Südstrand dehnt sich der eigentliche Jadebusen, in dessen Mitte sich der Leuchtturm A r n g a s t erhebt. Wer einen Überblick über die ausgedehnte Stadt, das vielgegliederte Hafengebiet mit dem neuen Ölhafen und die weite Jadebucht gewinnen will, der muß den 50 Meter hohen Turm des Rathauses besteigen, eines mächtigen Klinkerbaus, der 1929 von dem Hamburger Architekten Prof. Fritz Höger erbaut worden ist. Dort oben wird uns erst recht unvorstellbar, daß diese Stadt und ihr Hafen auf Marschboden erbaut worden sind, also buchstäblich auf Schlick, weshalb die Marinesoldaten sie auch mit grimmigem Humor „Schlicktown" getauft haben.
Auf der Weiterfahrt machen wir von Sande aus einen kurzen Abstecher nach N e u s t a d t g ö d e n s, das vor vierhundert Jahren, als der Jadebusen bis hierher reichte, noch ein Sieldorf war. In der Nähe liegt S c h l o ß G ö d e n s, das größte und schönste Wasserschloß Ostfrieslands. Der Barockbau stammt aus dem Jahre 1671, ist aber wie fast alle Schlösser aus einem altfriesischen Häuptlingssitz entstanden. In der Kirche von D y k h a u s e n steht der Grabstein Henrich Krechtings, des Kanzlers des Wiedertäuferreiches Münster. Er überlebte den Fall der Stadt (1535) und starb hochbetagt in Gödens (1580).
Wir fahren unsere Straße weiter südwärts, und es mag uns wohl verwunderlich erscheinen, daß unser Blick immer noch von Deichen begrenzt wird, aber tatsächlich erstreckt sich der Jadebusen von Wilhelmshaven aus noch etwa 15 Kilometer nach Süden. In D a n g a s t, das auf einer vorgeschobenen Geestzunge liegt, finden wir das letzte Fischerdorf auf unserer Reise. Sechs Fischkutter haben hier ihren Heimathafen. Zu unserer Überraschung sehen wir dort am schlickreichen Jadebusen einen langen Sandstrand, weshalb Dangast schon 1797 als Seebad gegründet wurde, so daß es mit dem im gleichen Jahre entstandenen Nordseebad N o r d e r n e y als ältestes Bad an der ostfriesischen Küste gelten kann. Das alte Dangaster Siel ist durch ein großes Schöpfwerk ersetzt worden. In einer Turm-

Schloß Gödens ist das größte und schönste Wasserschloß Ostfrieslands.

Mosaikkarte in einer Nische des Dangaster Siels.

In der Kirche zu Dykhausen steht der Grabstein Heinrich Krechtings (gest. 1580), des „Kanzlers" im Wiedertäuferreich Münster (1533–35).

nische dieses Werkes ist die in Mosaik angefertigte Karte dieser Landschaft zu sehen.
Erst bei Varel, einer echt friesischen Kleinstadt, haben wir die südlichste Ausdehnung des Jadebusens erreicht. Hier finden wir noch einmal all die Merkwürdigkeiten, die die ostfriesischen Städte und Dörfer so anheimelnd und anziehend machen: eine in ihrem Kern achthundertjährige Wehrkirche mit Altar, Kanzel und Taufstein aus der Werkstatt Ludwig Münstermanns (1618), eine hochragende Windmühle und das interessante Bild des langgestreckten alten Vareler Hafens, der durch ein großes Muschelkalkwerk eine industrielle Note erhält und durch ein hohes Sieltor im Deich abgeschlossen wird. Hier liegen sieben Fischkutter, die vorwiegend Krabbenfang betreiben. Die Garnele, die mehrmals im Jahre laicht, kommt in Milliardenschwärmen bis in die letzten Winkel des Jadebusens, da sie gerade hier in dem schlickreichen Wasser Nahrung im Überfluß findet, was wieder dem Fischer einen guten Fang sichert.
An der Mündung der Jade, eines nur 18 Kilometer langen Küstenflusses, ist unsere Fahrt auf der Störtebekerstraße an der Küste Ostfrieslands entlang zu Ende. Die Straße aber geht noch weiter über Butjadingen bis ans Ufer der Unterweser. Es war ein glücklicher Einfall, diese Küstenroute zu propagieren, denn sie läßt uns die ostfriesische Küste mit all ihren durch die Meeresnähe bedingten Eigenarten und Besonderheiten, in ihrer melancholischen Landschaftsmelodie und auch in ihrer übersonnten Stille erleben, so daß wir sie mit der beglückenden Erkenntnis verlassen, daß dies herbe Land voll geheimer Reize ist, wenn wir nur verstehen, sie zu suchen und zu finden.

Links: Die Schloßkirche in Varel, deren Bau als Wehrkirche vor achthundert Jahren begonnen wurde.

NAMEN- UND SACHVERZEICHNIS

QUELLENVERZEICHNIS

Beninga, Eggerik, Cronica der Fresen. Aurich 1961
Bruhns, Reinhard, Von Fischen und Fischern in Ostfriesland. Leer 1959
Coldewey, Dettmar, Frisia Orientalis. Wilhelmshaven 1967
Dircksen, Prof. Dr. Rolf, Die grüne Insel Spiekeroog. Herford 1963
Dircksen, Prof. Dr. Rolf, Die Insel der Vögel. Gütersloh 1950
Droste-Hülshoff, F. v., Die Vogelwelt der Nordseeinsel Borkum. Münster 1869
Freyhoff, Ulrich, Seeräuber in Ostfriesland. Leer 1959
Gagel, Ernst, Die sieben Meere. Braunschweig 1955
Gessner, Prof. Dr. Fritz, Meer und Strand. Berlin 1957
Grieben-Reiseführer, Ostfriesische Nordseeinseln mit Ostfriesland, Oldenburg und Bremen. München 1963
Hafner, Lorenz, Juist. Norden 1959
Hartung, Prof. Dr. Wolfgang, Mellum, ein Vogelparadies. Oldenburg 1950
Hartung, Prof. Dr. Wolfgang, Wangeroog, wie es wurde, war und ist. Oldenburg 1951
Homann, Hermann, Der Strandläufer. Breklum 1965
Homann, Hermann, Wangeroog. Breklum 1966
Krüger, Eduard, Zwischen Meer und Jade. Oldenburg 1949
Leege, Otto, Vögel deutscher Küsten. Berlin 1941
Leege, Otto, Lebensgemeinschaften auf werdendem Land in der Nordsee. Hamburg 1962
Linke, Dr. Hans u. a., Rund um den Alten Leuchtturm. Borkum o. J.
Lüders, Karl, Kleines Küstenlexikon. Hildesheim 1967
Meier, Hermann, Die Nordsee-Insel Borkum. Leipzig 1863
Merian-Heft 10/3., Ostfriesische Inseln und die Küste Ostfrieslands. Hamburg 1957
Möhlmann, Dr. Günther, Ostfriesland. Essen 1961
Notholt, Edwin, Wilhelmshaven, Stadt und Landschaft am Meer. 1958
Peitzmeier, Josef, Die Brutvogelfauna der Nordseeinsel Borkum. Münster (Westf.) 1961
Prager, Hans Georg, Was weißt du von der Waterkant? Stuttgart 1961
Rebel, Johann, Ostfriesland in Zahlen. Leer 1955

Robra, Günther, Mittelalterliche Holzplastik in Ostfriesland. Leer 1959
Rykena, St. A., Beiträge zur Geschichte von Norderney. Norden 1911
Sagert, Gerhard, Am Wattenmeer erlebt. Hannover-Linden 1963
Schütte, Heinrich, Sinkendes Land an der Nordsee? Öhringen 1939
Schulz, Prof. Dr. Bruno, Die deutsche Nordsee. Bielefeld 1937
Schulz, H., Die Welt der Seevögel. Hamburg 1947
Sello, Georg, Der Jadebusen. Varel 1903
Siebels, Gerhard, Führer durch Ostfriesland und seine Seebäder. Leer 1957
Specht, Otto (Hgb.), Borkum, die grüne Insel im Meer. Borkum o. J.
Steyer, Dr. Karl, Die Natur am Meeresstrande. Leipzig o. J.
Tongers, Johann, Unser Langeoog. Langeoog 1962
Wachs, Prof. Dr. Horst, An deutschen Küsten. Wittenberg 1950
Wiepken, C. F., Die Vogelfauna der Nordseeinsel Wangeroog. Journal für Ornithologie, Jahrg. XXV, 1876
Wiemann, Dr. Harm u. Doedens, Friedrich, Der Goldene Ring. Leer 1956
Wiese, Dr. J., Das Meer. Berlin o. J.
Wildvang, Dodo, Der Boden Ostfrieslands. Aurich 1929
Wohlenberg, E. u. Snuis, H., Anwachs, Landgewinnung und Deichbau in Nordfriesland. Husum 1955
Zylmann, Peter, Baltrum. Norden 1965

Karten:

Neue Heimatkarte von Ostfriesland. Ernst Völker Verlag, Oldenburg
Karte der Ostfriesischen Inseln. Ernst Völker Verlag, Oldenburg
Welges sprechende Küstenkarte. Verlag Welge, Wilhelmshaven
Bildkarte zur Geschichte Ostfrieslands. Von Dettmar Coldewey. Verlag Lohse-Eissing, Wilhelmshaven

BILDERNACHWEIS

Die Fotos zu den Abbildungen lieferten: Karl Bitterling, Hamburg, Seite 68. Foto Brunke, Juist, Seite 47 (unten). Alfred Ehrhardt, Hamburg, Seite 23. K. H. Fuchs, Hannover, Seite 5. Hansa-Luftbild, Münster, Seite 19 (gen. Nr. C. A. B. 1951). Hermann Homann, Sudmühle, Seite 11 (2), 15 (2), 24 (2), 25 (oben), 29 (2), 30 (2), 51 (o.), 77 (3), 101 (u.), 103 (2), 104, 111, 115 (o.), 116 (o.), 117, 118 (2), 123 (2), 124, 127, 128 (2), 131 (2), 132, 135 (2), 136, 139 (2), 140, 143, 147, 148 (2), 151 (2), 152, 157, 158, 159, 160. Bauamt für Küstenschutz, Norden, Seite 25 (u.), 26 (2). Niedersächsisches Landesinstitut für Marschen- und Wurtenforschung, Wilhelmshaven, Seite 116 (gen. Nr. P 288). Foto Saebens, Worpswede, Seite 2. Foto Schneider, Spiekeroog, Seite 51 (u.), 52 (2), 67. Schöning u. Co., Lübeck, Seite 16 (2) (gen. SH 29063, SH 26575), 37 (gen. SH 4537). Ludwig Schumacher, Emden, Seite 101 (o.), 107, 108, 112, 115 (u.). Fritz Siedel, Sande, Seite 38, 78, (2), 81 (2), 82, 85 (2), 86 (2), 144. Paul Trinkaus, Wilhelmshaven, Seite 153 (2), 154 (2). Ullstein Bilderdienst, Berlin, Seite 68 (o), 96. Pressefoto Max Löhrich, Gröbenzell Seite 95, 98. Wasserwirtschaftsamt Wilhelmshaven, Seite 47 (o.).

Alle Farbaufnahmen vom Verfasser.

INHALTSVERZEICHNIS

Die nebenstehende Karte zeigt einen Ausschnitt aus:
„Geographische Vorstellung der jämmerlichen Wasser-Flutt in Nieder-Teutschland, welche den 25. Dec. A^{O} 1717, in der heiligen Christ-Nacht, mit unzählichen Schaden und Verlust vieler tausend Menschen, einen großen theil derer Hertzogth. Holstein und Bremen, die Grafsch. Oldenburg, Frislandt, Gröningen und Nort-Holland überschwemmet hat", edirt von Joh. Bapt. Homann, Der Röm. Keis. Maj. Geogr. in Nürnberg (Faksimile-Nachdruck b. Verlag Die Bake, Dr. A. W. Lang, Juist)
(Grüngezeichnete Flächen = Überschwemmungsgebiet)
Die Rückseite zeigt die Karte »Frisia Orientalis« von Florianus (1595) nach einem Nachdruck (Kupferhandpressendruck) des Verlages Schuster, Leer.

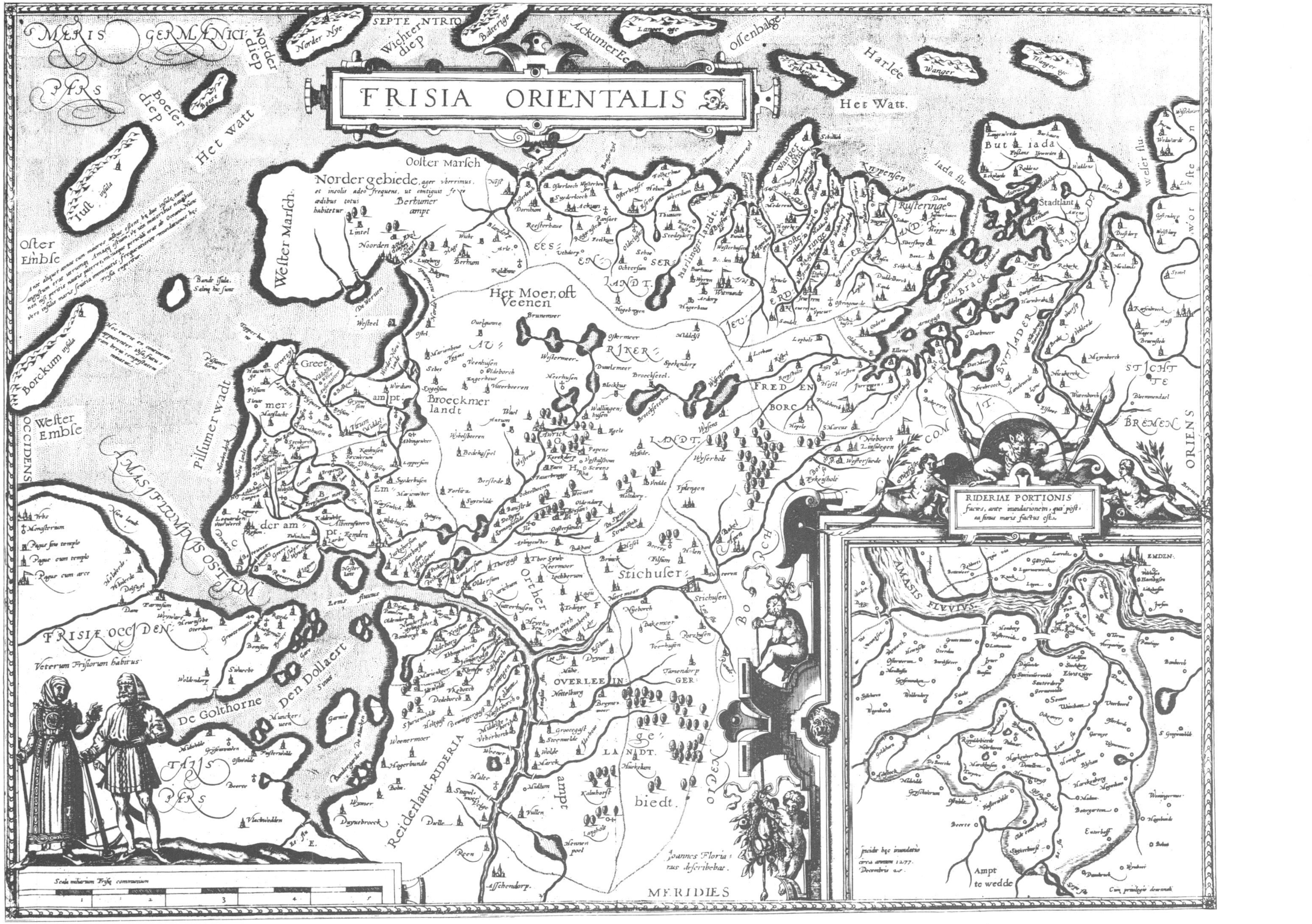

FRISIA ORIENTALIS
SEPTENTRIO
MERIDIES
OCCIDENS
ORIENS
MARIS GERMANICI PARS
Het watt
Het Watt.
Norder Nye
Ackumer Ee
Harlee
Wanger
Oster Embse
Wester Embse
Borckum insula
Iust insula
Norder gebiede
Wester Marsch
Ooster Marsch
Het Moer, oft Veenen
Broeckmer landt
Pilsumerwadt
Rusteringe
Stadtlant
Butiada
Jada flu.
Weser flu.
STICHT TE BREMEN
Stichuser
Den Dollaert
De Golthorne
FRISIÆ OCCIDEN
Veterum Frisiorum habitus
Reiderlant RIDERIA
OVERLEDINGER
Lems fluuius
Emden
RIDERIAE PORTIONIS facies, ante inundationem, qui post, ea sinus maris factus est.
AMASIS FLUVIUS
Ampt te wedde
Joannes Florianus describebat.
Scala miliarum Frisiæ communium

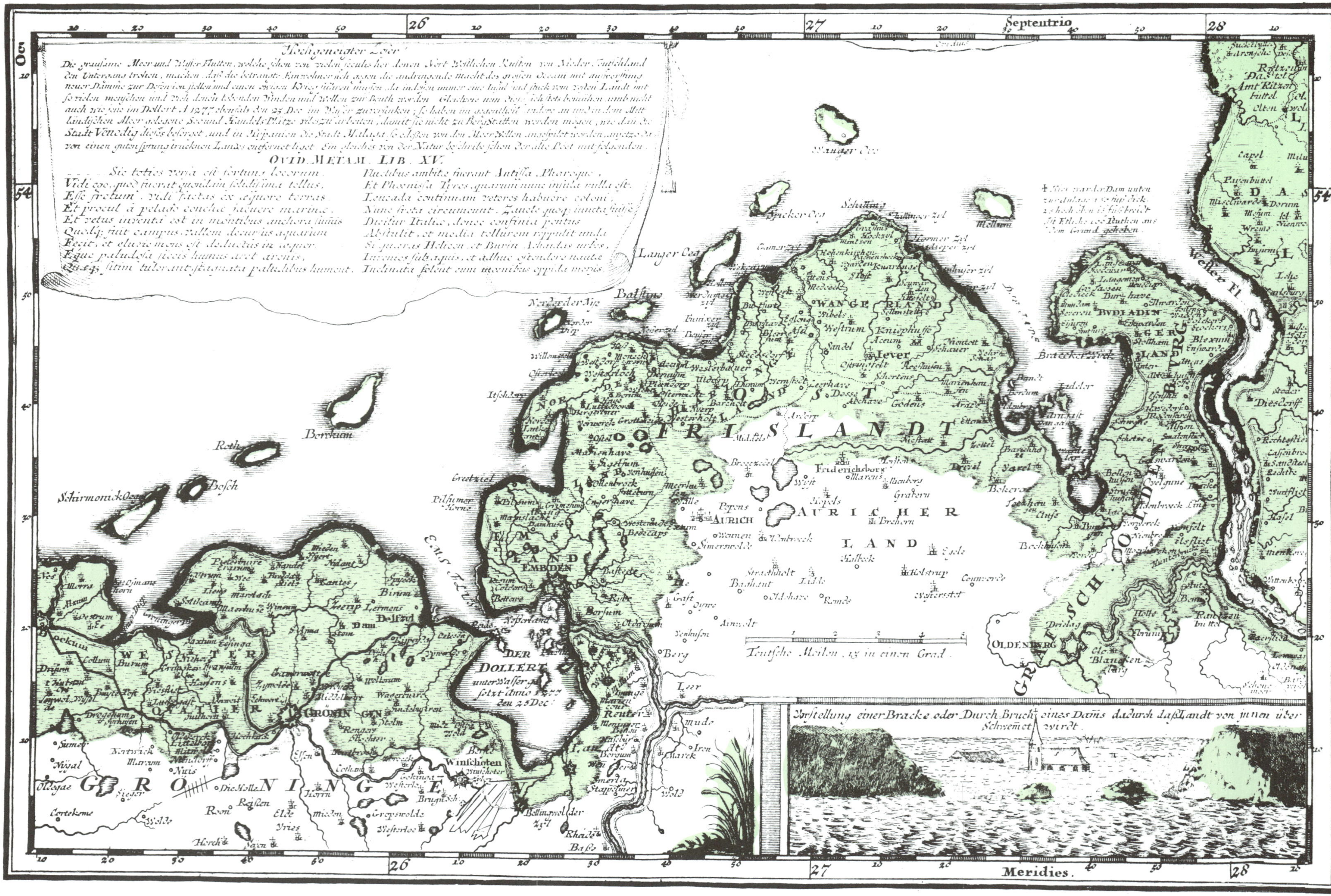
Septentrio
Hochgeneigter Leser!
Die grausame Meer und Wasser Flutten, welche schon von vielen seculis her denen Nort Westlichen Kusten von Nieder Teutschland den Untergang trohen, machen daß die betrangte Einwohner sich gegen die andringende macht des grossen Oceani mit auswerffung neuer Dämme zur Defension stellen und einen ewigen Krieg führen müssen, da indessen immer eine Insul und stuck vom vesten Landt mit so vielen menschen und Vieh denen tobenden Winden und Wellen zur Beuth werden. Gleichwie nun diese sich stets bemühen, umb nicht auch wie jene im Dollert A 1277 ebenfals den 25 Dec im Wasser zu versinken; so haben im gegentheil andere an und in dem Mittländischen Meer gelegene See und Handels Plätze viles zu arbeiten, damit sie nicht zu Berg Statten werden mögen, wie dan die Stadt Venedig dieses besorget, und in Hispanien die Stadt Malaga so ehessen von den Meer Wellen angespület worden, anjetzo davon einen guten sprung trucknen Landes entfernet liget. Ein gleiches von der Natur beschribe schon der alte Poet mit folgenden.
OVID. METAM. LIB. XV.
---- Sic toties versa est fortuna locorum.
Vidi ego, quod fuerat quondam solidissima tellus,
Esse fretum. Vidi factas ex aequore terras.
Et procul à pelago conchae jacuere marinae,
Et vetus inventa est in montibus anchora summis
Quodq; fuit campus, vallem decursus aquarum
Fecit, et eluvie mons est deductus in aequor.
Eque paludosa siccis humus aret arenis,
Quaeq; sitim tulerant, stagnata paludibus hument.
Fluctibus ambitae fuerant Antissa, Pharosque,
Et Phoenissa Tyros, quarum nunc insula nulla est.
Leucada continuam veteres habuere coloni,
Nunc freta circumeunt. Zancle quoq; iuncta fuisse
Dicitur Italiae, donec confinia pontus
Abstulit, et media tellurem reppulit unda
Si quaeras Helicen et Burin Achaidas urbes,
Invenies sub aquis, et adhuc ostendere nautae
Inclinata solent cum moenibus oppida mersis.
OST FRISLANDT
AURICHER LAND
Teutsche Meilen, 15 in einen Grad.
DER DOLLERT unter Wasser gesetzt Anno 1277 den 25 Dec.
Vorstellung einer Bracke oder Durch Bruch eines Dams dadurch daß Landt von innen über Schwemmet wirdt.
GRONINGEN
WESTER QUARTIER
EMBDEN
AURICH
Iever
Friderichsborg
OLDENBURG
Wanger Oog
Spicker Oog
Langer Oog
Borkum
Schirmonick Oog
Weser Fl.
Meridies.

Borkum
Memmert
Lütjehörn
Juist
Norderney
Baltrum
Langeoog
Spiekeroog
Wangerooge
Alte Mellum
Thieener
Neßmersiel
Westeraccumersiel
Dornumersiel
Neuharlingersiel
Norddeich
Marsch
Tief
Nesse
Dornum
Bensersiel
Hardward
Norden
Utgast
Esens
Gr. Holum
Altharlingersiel
Carolinensiel
Arle
Roggenstede
Osteraccum
Holtgast
Werdum
Friederikensiel
Süderneuland I
Berumbur
Utarp
Mamburg
Minsen
West-Ost-ochtersum
Altfunnixsiel
Großheide
Buttforde
Altgarmssiel
Hohen-Kirchen
Süderneuland II
Berumer-fehn
Westerholt
Berdum
Leybucht
Leezdorf
Funnix
Tettens
Upgant-Schott
fehn
Dunum
Burhafe
Pilsum
Hauen
Ewiges Meer
Oldorf
Rechtsupweg
Blomberg
Eilsum
Münkeboe
Toquard
Waddewarden
Manslagt
Visquard
Grimersum
Wirdum
Middels
Wittmund
Wiefels
Hooksiel
Victorbur
Westerloog
Osterloog
Hooksieler Tief
Hamswehrum
Pewsum
Wiegboldsbur
Plaggenburg
Jever
Loppersum
Moordorf
Aurich
Ardorf
Gr. Midlum
Großes Meer
Clevern
Sillenstede
Sengwarden
Loquard
Hinte
Westerende
Leerhafe
Sandel
Westerhusen
Hieve
Holzloog
Wiesens
Rysum
Knockster Tief
Schirum
Ems-Jade-Kanal
Wiesedermeer
Schortens
Wilhelmshaven
Langwarden
Ruhwarden
Wybelsum
Emden
Riepe
Ihlowerfehn
Ostersander
Holtrop
Reepsholt
Dose
Abickhafe
Süllwarden
Simonswolde
Mittegroßefehn
Ostgroßefehn
Wiesede
Hesel
Etzel
Gödens
Sande
Eckwarden
Westgroßefehn
Horsten
Ellenser damm
Oldersum
Ems
Wiesmoor
Marx
Jadebusen
Ditzum
Strackholt
Nordgeorgsfehner Kanal
Neermoor
Warsingsfehn
Zetel
Dollart
Ditzumerhamrich
Bagband
Vogelschutzgebiet
Midlum
Veenhusen
Jheringsfehn
Hesel
Groß-Klein
Oldendorf
Driefel
Seefeld
Bunderhamrich
Jemgum
Remels
Neuenburg
Grabstede
Bockhorn
Varel
Holtland
Leer
Halsbek
Niederlande
Loga
Hollen
Altjürden
Schweiburg
St. Georgiwold
Jade
N
W
O
S